La discrimination négative

Dans la même collection

Éric Maurin
L'Égalité des possibles (2002)

Thérèse Delpech
Politique du chaos (2002)

Olivier Roy
Les Illusions du 11 Septembre (2002)

Jean-Paul Fitoussi
La Règle et le choix (2002)

Michael Ignatieff
Kaboul-Sarajevo (2002)

Daniel Lindenberg
Le Rappel à l'ordre (2002)

Pierre-Michel Menger
Portrait de l'artiste en travailleur (2003)

Hugues Lagrange
Demandes de sécurité (2003)

Xavier Gaullier
Le Temps des retraites (2003)

Suzanne Berger
Notre première mondialisation (2003)

Robert Castel
L'Insécurité sociale (2003)

Bruno Tertrais
La Guerre sans fin (2004)

Thierry Pech, Marc-Olivier Padis
Les Multinationales du cœur (2004)

Pascal Lamy
La Démocratie-monde (2004)

Philippe Askenazy
Les Désordres du travail (2004)

François Dubet
L'École des chances (2004)

Éric Maurin
Le Ghetto français (2004)

Antoine Garapon, Julie Allard
Les Juges dans la mondialisation (2005)

François Dupuy
La Fatigue des élites (2005)

Patrick Weil
La République et sa diversité (2005)

Jean Peyrelevade
Le Capitalisme total (2005)

Patrick Haenni
L'Islam de marché (2005)

Marie Duru-Bellat
L'Inflation scolaire (2006)

Jean-Louis Missika
La Fin de la télévision (2006)

Daniel Cohen
Trois Leçons sur la société post-industrielle (2006)

Louis Chauvel
Les Classes moyennes à la dérive (2006)

François Héran
Le Temps des immigrés (2007)

Dominique Méda, Hélène Périvier
Le Deuxième Âge de l'émancipation (2007)

Thomas Philippon
Le Capitalisme d'héritiers (2007)

Youssef Courbage, Emmanuel Todd
Le Rendez-vous des civilisations (2007)

Robert Castel

La discrimination négative

Citoyens ou indigènes ?

LA REPUBLIQUE DES IDEES

Seuil

Collection dirigée par
Pierre Rosanvallon
et Thierry Pech

Les annexes du présent ouvrage ont été réalisées par Nicolas Duvoux.

ISBN 978-2-02-096441-8

www.seuil.com
www.repid.com

Remerciements

Je tiens à remercier Christine Colpin pour la part irremplaçable qu'elle a prise à la composition du manuscrit.

Introduction

Depuis le mois de mai 2007, la fonction de ministre de la Justice et garde des Sceaux est exercée en France par une femme âgée de 41 ans, née en province dans une famille algéro-marocaine de douze enfants et dont le père était ouvrier, travailleur immigré. Situation idéale-typique où paraît surmonté le triple handicap que le sexe, l'origine sociale et l'appartenance ethnique mettent d'ordinaire à la promotion des individus et à la circulation des élites. De surcroît, il ne s'agit pas de n'importe quel ministère puisque sa titulaire a en charge le bon fonctionnement de la justice et le respect des lois de la République. Ce pourrait être en somme l'emblème d'une France ouverte à l'intelligence, à la détermination et au mérite, toutes qualités que Mme Dati paraît indiscutablement posséder. Ainsi s'appliquerait dans les faits le principe inscrit dans l'article 1 de la Déclaration des Droits de l'homme et du citoyen : « Les distinctions sociales ne peuvent être fondées que sur l'utilité commune ».

Pourtant, simultanément, la majorité des personnes qui présentent le profil de la ministre de la Justice, et singulièrement son origine ethnique, sont reléguées dans les couches inférieures de la société française, les plus durement frappées par le chômage, l'insécurité de l'emploi, la pauvreté, les conditions d'habitat dégradées, les plus exposées aussi aux attaques xénophobes et racistes. Les « jeunes de banlieue » surtout, expression sous laquelle il faut déceler cette double référence à la classe et à la race – ils sont presque toujours d'origine populaire et très souvent d'une origine ethnique différente de celle des « Français de souche » –, accumulent les contre-performances sociales : échecs scolaires, absence d'avenir professionnel, galères quotidiennes débouchant souvent sur l'installation dans la précarité ou le recours aux combines et à l'économie souterraine, voire sur les parcours de la délinquance. C'est la situation emblématique exactement opposée à celle évoquée précédemment, à tel point qu'une représentation répandue de ces jeunes en fait les symboles de l'inutilité sociale (ils seraient incapables de s'intégrer à l'ordre productif) et de la dangerosité (on les tient alors pour les principaux responsables du développement de l'insécurité). S'il existe dans notre société un groupe posé en situation d'altérité totale et sur lequel se cristallisent les craintes et les rejets, c'est bien du côté de ces « jeunes de banlieue » qu'il faut le chercher.

On se propose de prendre *également* au sérieux ces deux symboles, Mme Rachida Dati en incarnation de l'accomplissement des principes républicains, et les jeunes de banlieue en incarnation de la dangereuse asocialité d'individus complètement étrangers à nos valeurs et à nos manières d'être. Il faut les prendre *à la lettre*, non pour dire, évidemment, qu'ils représentent la situation objective des minorités ethniques en France, mais pour montrer qu'ils expriment la relation contradictoire que la société française entretient avec la question ethnique ; coexistence d'une annulation apparente du poids du facteur ethnique qui n'interdit pas à une représentante de ces minorités d'atteindre aux sommets de l'État, et d'une stigmatisation massive d'une foule d'individus du fait de cette même appartenance ethnique.

Il faut en effet reconnaître l'importance de la présence de Mme Dati à la place qu'elle occupe, sans éluder le problème qu'une telle présence pose en disant qu'elle a été placée là comme l'arbre pour cacher la forêt des discriminations, ce qui est également vrai, mais à un autre niveau. Car même si cette nomination obéit à un calcul politique, elle n'est pas pour autant usurpée. Mme Dati occupe effectivement cette place en toute légitimité, en toute autorité et en toute qualification. Elle montre que ce type de trajectoire est non seulement possible mais réel. Cela signifie que la France n'est pas un pays de castes, d'ordres, d'états, de statuts, dans lequel un marqueur comme l'origine sociale ou l'appartenance ethnique serait un facteur rédhibitoire d'exclusion. Autrement dit, il y a une effectivité du principe républicain exigeant le traitement à parité de l'ensemble des citoyens, même si sa mise en œuvre demeure exceptionnelle. Elle n'est d'ailleurs pas à proprement parler exceptionnelle car deux autres personnalités féminines, également jeunes et talentueuses, et néanmoins « issues de l'immigration », ont elles aussi l'honneur de participer au gouvernement de la République, et dans le précédent gouvernement (de droite également, ce qui en dit long sur le manque d'audace des anciens gouvernements de gauche), figurait encore un ministre d'origine maghrébine. Surtout, en deçà ou au-delà des habiletés politiques, l'ensemble de la population française « issue de l'immigration » n'est pas reléguée dans les soutes de la société. Il s'y trouve aussi, quoique en nombre limité, des médecins, des avocats, des enseignants, des cadres, des « professions intermédiaires », des chefs d'entreprise. Preuve empirique du fait que le discours républicain n'est pas qu'un discours. Les principes qu'il défend ouvrent un champ de possibles pour un traitement égalitaire des citoyens, qui n'existent pas dans les formations sociales admettant l'existence de différences substantielles entre les individus, et il arrive que ces possibles soient réalisés *de facto*[1].

1. Un exemple pour illustrer le caractère effectivement plus que limité, mais néanmoins réel de ce type de promotions : sur plus de sept cents membres que comptaient les cabinets ministériels en 2005, dix étaient « issus de l'immigration », presque tous

Il ne faut donc pas se tromper de cible lorsque l'on dénonce les discriminations. Ce problème ne se pose pas parce que l'égalité des chances serait impossible, mais au contraire parce qu'elle est possible et fondée en droit. La discrimination est scandaleuse parce qu'elle constitue un *déni de droit*, des droits inscrits dans la Constitution et en principe consubstantiels à l'exercice de la citoyenneté. On peut bien dénoncer le caractère « abstrait » ou « formel » de ces droits, mais à condition de reconnaître néanmoins leur existence et leur importance, car sans eux on se trouverait dans un autre régime de gouvernementalité. La question de la discrimination se pose à partir du moment où l'on cesse d'admettre que des différences *légitimes* puissent être fondées sur un statut hérité, comme lorsque par exemple un roturier ne pouvait assumer les fonctions d'un noble : il n'était pas discriminé, mais simplement maintenu à sa place dans une structure sociale où chacun devait « tenir son rang ».

Ce fut l'honneur de la République de rompre avec les facteurs de différenciations fondés dans la nature, les traditions ou les hiérarchies qu'un ordre transcendant imposait à chacun une fois pour toutes. L'égalité des citoyens devant la loi n'est pas un vain mot car elle est la condition de l'entrée dans la modernité démocratique, et elle fixe les contours d'une société dans laquelle les individus peuvent être par eux-mêmes responsables de leur destin. Et la France, à partir du moins de la IIIe République, n'a pas trop à rougir de la manière dont elle a commencé à mettre en œuvre ces principes *dans le cadre de l'État-nation*, même si le processus n'a pas été mené à son terme et s'il est parfois passé par l'exercice d'une certaine violence. Mais les petits Bretons, les petits Basques et même les petits Corses ne devraient pas avoir trop à se plaindre d'avoir été traités en enfants de la République :

---

d'origine kabyle. Certes, aucun n'était noir, et il n'y avait non plus aucun représentant d'une minorité ethnique au cabinet de l'Élysée (Mustapha Kessous, « Beurs sous les lambris de la République », *Le Monde,* 24 novembre 2005).

les principes « formels » de la citoyenneté les ont arrachés à leur encastrement dans des *Gemeinschaft* locales et étouffantes. L'école « gratuite, laïque et obligatoire » leur a donné enfin la possibilité d'être traités à parité, comme des semblables, indépendamment de leur origine sociale ou géographique.

Ce qui fait problème aujourd'hui, c'est que les populations « issues de l'immigration », même lorsqu'elles ont la nationalité française, ne sont pas traitées de cette manière, mais souvent de façon inverse. On raconte que des petits paysans surpris à parler breton à l'école communale étaient punis par l'instituteur et forcés de porter un bonnet d'âne. Le représentant de la République voulait ainsi leur signifier qu'il leur fallait éradiquer les traits d'une appartenance étrangère susceptible de faire obstacle à leur intégration dans le cadre national. La méthode était brutale, et le postulat qu'il serait impossible de concilier la fidélité à un enracinement régional et l'adhésion à la nation était plus que contestable, quoique ce qui nous paraît évident aujourd'hui l'était beaucoup moins au début du XXe siècle. Mais en tout état de cause, ces pratiques avaient pour objectif de donner à tous les moyens d'accéder pleinement aux prérogatives de la citoyenneté. Lorsque aujourd'hui les membres des « forces de l'ordre », eux aussi représentants de la loi, multiplient les contrôles d'identité et les interpellations de jeunes pour « délit de faciès », ils procèdent selon une logique exactement inverse. Les caractères de l'appartenance ethnique ne sont pas pris en compte pour être neutralisés, mais pour, si j'ose dire, enfoncer le clou en faisant de cette caractéristique le support d'un traitement différentiel et non d'un traitement égalitaire des individus. La différence est ici soulignée et elle fonctionne comme un stigmate : la couleur de la peau ou la consonance du nom déclenchent la suspicion et le rejet.

C'est en ce sens que l'on peut parler de *discrimination négative*. Ce n'est pas un pléonasme. Il existe des formes de discrimination positive qui consistent à faire plus pour ceux qui ont moins. Le principe de ces pratiques n'est pas en lui-même contestable dans la mesure où il s'agit de déployer des efforts supplémentaires en direction de populations qui manquent de ressources pour s'intégrer au régime commun, afin de les aider à retrouver ce régime. Il n'est pas discriminatoire par exemple, si ce n'est positivement, de mettre en œuvre une pédagogie spéciale pour des élèves en retard scolaire afin d'éviter qu'ils ne redoublent à nouveau, ou de ménager des formations professionnelles adaptées à des travailleurs peu qualifiés pour éviter qu'ils ne deviennent inemployables. Il peut être utile, et même indispensable, de cibler des populations marquées par une différence qui est pour eux un handicap avec la visée de réduire ou d'annuler cette différence[1].

Mais la discrimination négative ne consiste pas à donner plus à ceux qui ont moins, elle fait au contraire d'une différence un déficit marquant son porteur d'une tare quasi indélébile. Être discriminé négativement, c'est être assigné à un destin sur la base d'une caractéristique que l'on n'a pas choisie, mais que les autres vous renvoient sous la forme d'un stigmate. La discrimination négative est une instrumentalisation de l'altérité constituée en facteur d'exclusion.

1. Si l'on analyse les effets concrets de la mise en œuvre des mesures de discrimination positive, la question cependant se complique. On constate en effet souvent que le ciblage d'un groupe sur la base d'un manque et pour combler celui-ci, peut se retourner en stigmatisation de ce groupe. L'exemple du Revenu minimum d'insertion, mesure bien accueillie dans un premier temps et même votée à l'unanimité par le Parlement en 1988, le montre : l'étiquette de « Rmiste » est devenue en peu d'années une manière péjorative, si ce n'est quelque peu infamante, de nommer des personnes qui ont le malheur de dépendre des deniers publics, alors même qu'à l'origine il paraissait légitime d'aider à s'en sortir ces individus en déficit par rapport au monde du travail. On reviendra dans le dernier chapitre sur ces apories de la discrimination et sur les précautions à prendre pour que la discrimination positive ne se retourne pas en discrimination négative.

On voudrait montrer que c'est ainsi que fonctionne encore largement l'appartenance ethnique dans la société française. Mais ce fonctionnement est contradictoire car incompatible avec des principes démocratiques dont on ne se débarrassera pas trop facilement en les considérant comme de simples alibis servant à cacher la réalité d'un héritage impérialiste ou colonialiste. C'est au contraire en prenant au sérieux ces principes que l'on entre au cœur du problème posé par la discrimination négative. Elle met en débat la notion même de citoyenneté. La discrimination place notre conception de la citoyenneté devant le défi de s'élargir afin d'intégrer un registre d'altérité, l'appartenance ethnique, dont le déni la condamne. La société française sera-t-elle capable – et si oui, à quelles conditions – d'accueillir à parité cette composante ethnique qu'elle rejette encore largement ?

On commencera par prendre appui pour argumenter la position défendue ici sur une analyse de la situation des jeunes de banlieue, et plus précisément de la composante majoritaire de ces jeunes, du moins dans la représentation commune que l'on s'en fait, à savoir les adolescents issus de l'immigration maghrébine et sub-saharienne. Plus précisément encore, on partira des événements survenus en banlieue à l'automne 2005. Non pas que ces « « émeutes urbaines » aient été à proprement parler exceptionnelles, car on sait que depuis le début des années 1980 se sont succédé de très nombreux épisodes de violences urbaines mettant aux prises les forces de l'ordre et des groupes de jeunes avec courses-poursuites, jets de projectiles, incendies de voitures, saccages de bâtiments, etc. Mais par l'ampleur qu'ils ont prise et l'audience nationale et internationale dont ils ont bénéficié, ces événements ont fait pour beaucoup office de révélateurs d'un mal profond qui rongerait la société française. On se gardera d'en donner une interprétation catastrophiste : la France n'a pas été à feu et à sang, et il est improbable qu'elle le soit à l'avenir. Mais si on en dégage toutes les implications, le risque de sécession qui se profile dans les banlieues nous invite à repenser les moyens de faire vraiment société dans une formation sociale qui comprend et comprendra de plus en plus une composante ethnique et même, si l'on n'a pas peur des mots, raciale. La honte de la discrimination négative ne sera pas effacée par des mesures de politique politicienne, mais on peut espérer qu'une réflexion politique et sociologique un peu exigeante permette de dégager quelques orientations pour la combattre[1].

1. Les premiers chapitres de cet essai reprennent des thèses et des développements exposés dans mon article « La discrimination négative. Le déficit de citoyenneté des jeunes de banlieue » publié dans la revue des *Annales* (61e année, n° 4, juillet-août 2006). Ils ont été abondamment augmentés, actualisés et prolongés pour la présente édition.

CHAPITRE PREMIER

La construction d'un espace de relégation

L'interprétation la plus probante que l'on peut donner des violences urbaines survenues à l'automne 2005 consiste à dire qu'il s'agit d'une révolte du désespoir. Les jeunes émeutiers ne revendiquaient rien, leurs interventions paraissaient improvisées et sporadiques. Ils affrontaient les forces de l'ordre, brûlaient voitures et bâtiments publics dans des accès de rage flamboyants et brutaux. Ces réactions évoquent les jacqueries, émeutes et autres « émotions » populaires qui ont jalonné l'histoire des sociétés préindustrielles, avant que les révoltes ne se canalisent à travers des organisations collectives porteuses d'un projet de transformation sociale. Dans ces événements, ce qui frappe au premier abord, c'est l'absence de leaders reconnus, d'organisations structurées, d'objectifs affichés ou de revendications précises susceptibles de déboucher sur des résultats (sauf peut-être la demande de la démission du ministre de l'Intérieur, mais il s'agissait d'une exigence posée dans le cadre d'un affrontement personnalisé plutôt que d'une revendication politique). L'absence de toute perspective d'avenir témoigne d'une désespérance profonde. Le présent cristallise alors tous les refus, mais il paraît ne s'appuyer ni ne déboucher sur rien.

Il convient cependant de se méfier d'une lecture des événements qui les renfermerait sur eux-mêmes et sur l'instant dans lequel ils se produisent, ne serait-ce que parce que l'on se déroberait ainsi à l'exigence d'en faire l'histoire et d'en explorer la sociologie, c'est-à-dire de les replacer dans un processus de transformations et de les inscrire dans leur environnement social. On ne prétend évidemment pas faire ici cette histoire et cette sociologie d'une manière exhaustive, mais situer ces événements dans le cadre d'une interrogation sur la *position* que ces jeunes occupent dans notre société. On voudrait montrer que leur drame tient à ce qu'ils ne sont à proprement parler ni « dehors », ni « dedans » : ils sont repoussés sur les marges du monde social. Mais ces marges sont moins un territoire exotique que la surdétermination de ce qui se joue au cœur de la société et des enjeux qui la traversent. La banlieue comme marge s'inscrit pleinement dans la question sociale contemporaine, en même temps qu'elle la dramatise en lui donnant une connotation ethno-raciale qui la discrimine négativement. Telle est du moins la grille de lecture que l'on voudrait proposer de ces événements : montrer qu'ils sont un puissant révélateur de la manière dont se pose la question ethnique dans l'ensemble de la société française.

De la cité radieuse à la cité-dortoir

Il n'est pas inutile de commencer par rappeler quelques données historiques au sujet de ces banlieues, ne serait-ce que pour rendre compte d'un paradoxe : ces espaces, qui sont aujourd'hui souvent perçus comme des lieux de déréliction, ont d'abord été conçus comme des innovations audacieuses qui allaient satisfaire aux exigences d'une manière moderne d'habiter et de vivre la ville. Si l'on voulait établir la généalogie de cet urbanisme fonctionnel, il faudrait partir des propositions élaborées à partir de la fin du XIXe siècle dans le milieu des réformateurs sociaux, en particulier autour du Musée social et du courant du socialisme municipal, qui veulent restructurer la ville pour en faire un espace de pacification sociale correspondant aux exigences de l'hygiène publique et de la gestion rationnelle des populations dans la société industrielle. Ces courants accueillent des architectes novateurs issus de l'École de Rome comme Tony Garnier, concepteur de la Cité industrielle et inventeur du « zonage », ou Henri Prost qui, avec la construction des villes nouvelles de Casablanca et de Rabat implantées au Maroc sous le protectorat de Lyautey (1912-1925), réalise le premier programme d'envergure d'aménagement urbain[1]. Il est significatif que cette nouvelle conception de l'urbanisme doive d'abord s'expatrier pour voir le jour : en métropole, l'espace est trop quadrillé et il manque un pouvoir central doté d'une véritable autorité sur les questions urbaines pour pouvoir rénover en profondeur les conditions d'habitat.

La situation va changer après la Seconde Guerre mondiale. La France doit faire face à une très grave crise du logement (cf. le fameux appel de l'Abbé Pierre de 1954) due à la fois à la vétusté du parc immobilier et aux destructions de la guerre. « Les grands ensembles » édifiés à partir de la fin des années 1950 vont apparaître comme la réponse ajustée à cette conjoncture[2]. L'opération, qui s'inscrit bientôt dans le cadre de la planification et de la modernisation de la société française entreprises par l'État « gaulliste », paraît, dans un premier temps, atteindre ses objectifs. Le nombre des mal-logés, évalué à 11 millions au milieu des années 1950, est réduit d'une manière drastique

1. Voir Paul Rabinow, *Une France si moderne* [1989], Paris, Buchet Chastel, 2006.

2. Pour une bonne présentation de ce contexte, voir Christian Bachman, Nicole Le Guennec, *Violences urbaines. Ascension et chute des classes moyennes à travers cinquante ans de politique de la ville*, Paris, Albin Michel, 1996.

autour de 3 millions, dans une grande mesure grâce à la création *ex nihilo* de ces nouveaux sites urbains. Le peuplement de ces « grands ensembles » est fait dans un premier temps de provinciaux venus travailler dans les grandes métropoles, de rapatriés d'Algérie, de jeunes employés et de jeunes fonctionnaires en voie de promotion sociale, ainsi que de représentants de la classe ouvrière intégrée et de la petite classe moyenne incités à quitter les logements insalubres et surencombrés des centres-villes. À ces catégories sociales inscrites dans la dynamique des « Trente glorieuses », ce nouvel urbanisme offre un maximum de confort au moindre coût et des conditions d'existence qui sont censées dessiner le cadre d'un nouvel art d'habiter et de vivre. Les architectes ont subi l'influence de Le Corbusier et de la Charte d'Athènes. « Des règles infrangibles assureront aux habitants le bien-être du logis, la facilité du travail, l'heureux emploi des heures libres. L'âme de la cité sera vivifiée par la clarté du plan[1] ». Les plus enthousiastes compareront ces groupements d'immeubles qui s'édifient à la verticale au milieu de friches ou de champs de betteraves à de « nouvelles cathédrales ».

On peut douter que tous les promoteurs de ces opérations, et *a fortiori* tous les nouveaux habitants, aient partagé les présupposés optimistes de cette utopie technocratique. Elle vaut cependant d'être rappelée au moment où cette représentation de « la cité » (radieuse) s'est complètement inversée pour être souvent assimilée aujourd'hui, avec la même exagération, à des lieux « pourris ». Mais même si l'on fait la part de la surenchère moderniste qui prétendait dessiner la figure d'un homme nouveau en modelant son cadre de vie, il faut reconnaître que la formule a d'abord été efficace puisqu'elle a dans une large mesure contribué à résorber au moindre coût les caractères les plus dramatiques de la crise du logement. C'est le triomphe de l'urba-

1. Le Corbusier, *Charte d'Athènes* [1942], Paris, Le Seuil, 1971.

nisme fonctionnel. Entre 1958 et 1973, 195 « zones à urbaniser en priorité » (ZUP) sont créées comprenant 2 millions de logements, essentiellement dans des HLM à vocation locative. Thierry Oblet a bien montré comment se sont articulées les vues des architectes et des ingénieurs modernistes, le souci planificateur d'un État interventionniste (en particulier par l'intermédiaire de la Société centrale de construction et de la Société centrale pour l'équipement du territoire, créées au milieu des années 1950 en tant que filiales de la Caisse des dépôts et consignations) et les intérêts des professionnels du bâtiment assurés de coûts modérés et de bénéficies substantiels grâce à l'hégémonie du béton, de la ligne droite et de la standardisation de la construction. Paradoxale « affinité élective » entre des exigences apparemment contradictoires, mais qui a pu croire un temps à sa propre réussite[1].

Cette formule du « grand ensemble » révélera cependant assez tôt ses failles. Dès le début des années 1960 apparaissent les premières dénonciations de l'inhumanité d'un cadre de vie sans rues, sans espaces publics d'échanges et de convivialité, qui condamne les habitants – les « femmes au foyer » en particulier – à un isolement générateur de neurasthénie. La « sarcellite », en référence à Sarcelles où a été construit le plus majestueux de ces grands ensembles de la région parisienne, devient un mot du langage courant pour désigner le mode de vie pathogène dans des « cités-dortoirs » édifiées comme des « cages à lapins ». Mais, dans un premier temps toujours, il s'agit d'une pathologie pourrait-on dire de type « *middle class* », ou de la classe ouvrière intégrée : elle affecte des individus ou des familles ordinaires privés de ces rencontres et de ces échanges relationnels dont la ville a toujours constitué le terreau. Pour ces premières critiques, ce que les « grands ensembles » ont manqué, c'est la possibilité

1. Thierry Oblet, *Gouverner la ville*, Paris, PUF, 2005.

de donner à leurs habitants, dans l'espace qu'ils dessinent, les conditions de base pour se construire une sociabilité à visage humain. Le problème des banlieues a commencé par être la question du mal à vivre de populations d'origine métropolitaine ou pieds-noirs qui par ailleurs, sur le plan matériel, vivent relativement à l'aise.

Ethnicisation et paupérisation

Cependant, bien plus gravement qu'à partir de leurs dysfonctionnements internes, c'est une double dynamique dont l'origine est *extérieure* aux grands ensembles qui va profondément dégrader leur image : ces espaces urbains se sont *ethnicisés* et *appauvris*. Et ces deux processus ont joué simultanément, faisant de beaucoup de ces quartiers périphériques ce que l'on appelle aujourd'hui, en usant d'un aimable euphémisme, des « quartiers sensibles ».

Le premier vecteur de l'*ethnicisation* renvoie à un changement des politiques d'immigration. Une première vague d'immigration, dans les années 1950-1960, concerne principalement des travailleurs d'origine maghrébine qui répondent à la pénurie de main-d'œuvre sévissant en France après la Seconde Guerre mondiale. C'est une migration de travail, qui concerne des hommes isolés, mariés ou célibataires, mais qui viennent seuls en France, souvent pour un temps limité pendant lequel ils aident leur famille restée au pays avant d'y retourner eux-mêmes. Leurs conditions d'habitat sont précaires et souvent même indignes : foyers de type Sonacotra, cités de transit, hôtels meublés surpeuplés, bidonvilles. Mais, pourrait-on dire si l'on voulait être cynique, elles ne concernent qu'eux-mêmes et ne dérangent personne, ne serait-ce que parce que ces immigrés épuisent leur vie à travailler. On pourrait d'ailleurs ajouter, en continuant à jouer les cyniques, qu'il y a encore aujourd'hui d'anciens travailleurs maghrébins qui n'ont pas voulu ou n'ont pas pu « revenir au pays », et qui attendent la mort dans la solitude d'une chambre d'hôtel meublée. Leur sort n'a pas ému grand monde, tant il est vrai que le malheur des hommes ne suffit pas pour poser un problème social.

Cette situation va changer profondément avec la possibilité du regroupement familial qui se généralise à partir du milieu des années 1970 : le travailleur doté d'un permis de séjour et qui touche un salaire régulier peut faire venir sa famille, et ses enfants acquièrent la nationalité française à leur majorité. L'immigration de travail devient une immigration de peuplement. Pour ces familles, les grands ensembles avec leurs logements sociaux représentent la structure d'accueil privilégiée compte tenu de la possibilité qu'ils offrent d'occuper un espace relativement grand pour un loyer relativement modéré. La question de la « mixité sociale » commence à se poser dans ce cadre.

Elle va devenir d'autant plus aiguë que, parallèlement à l'ethnicisation du peuplement, un second facteur va altérer profondément la configuration de ces quartiers : *la montée du chômage et de la pauvreté.* La dynamique originaire du peuplement des grands ensembles s'inscrivait dans la période de développement économique et de quasi-plein-emploi de l'après-guerre qui prend fin au milieu des années 1970. Le chômage et la précarisation des relations de travail affectent d'une manière privilégiée les catégories les plus fragiles de l'ancien peuplement des cités, les Français d'origine métropolitaine comme les travailleurs issus de l'immigration. Ils sont les premières victimes de la désindustrialisation et d'une transformation du marché du travail qui raréfie le nombre des emplois peu qualifiés. Ces populations en situation de déclin social sont en quelque sorte assignées à résidence dans ces espaces qui représentent pour elles la seule possibilité de se loger, et c'est aussi quasiment la seule opportunité de trouver un logement pour les immigrés qui ont quitté les bidonvilles et les cités de transit, et pour les immigrés récents qui ne peuvent avoir accès au marché locatif privé dont les loyers s'emballent. En même temps, les catégories d'habitants exerçant des métiers mieux protégés et mieux rémunérés, et pour lesquels le choix d'habiter un grand ensemble n'était d'ailleurs souvent pensé que comme une étape provisoire de leur parcours résidentiel, quittent les cités. Elles accèdent à la propriété de leur logement en réalisant un vieux rêve pavillonnaire, ou vont habiter des zones périurbaines réservées aux classes moyennes, à moins qu'elles ne réinvestissent les centres-villes en voie de gentrification. Comme le souligne avec force Jacques Donzelot, la question des banlieues doit être replacée dans le cadre d'une restructuration globale de l'espace urbain selon un processus de séparation spatiale qui conduit les différentes catégories sociales à vivre – sur un mode contraint ou choisi selon les ressources dont elles disposent – « entre soi »[1].

C'est ainsi que les grands ensembles sont devenus des lieux de relégation[2]. Il y a eu, simultanément, une évasion des catégories sociales les plus à l'aise et une sédimentation des catégories en voie de paupérisation. La « mixité sociale » devient alors le mixage de populations qui accumulent les handicaps en matière de ressources économiques, de rapport au travail et de capacités à assurer elles-mêmes leur indépendance sociale. Elle fait coexister contre leur gré, dans un cadre de vie qui se dégrade et dont l'image s'altère, les éléments de la population les plus vulnérables. Ainsi, dans ce que l'on va bientôt appeler les ZUS (Zones urbaines sensibles), les taux de chômage et de travail précaire, mais aussi la proportion des allocataires du RMI et des bénéficiaires des minima sociaux (en particulier de l'Aide aux

1. Jacques Donzelot, *Quand la ville se défait. Quelle politique face à la crise des banlieues ?*, Paris, Le Seuil, 2006.

2. Voir Jean-Marie Delarue, *Banlieues en difficultés. La relégation*, Syros, Paris, 1991.

parents isolés, signe de dissociation familiale) sont en moyenne deux fois plus élevés que dans l'ensemble de la société française. Les revenus d'un ménage sur cinq (contre un ménage sur dix pour l'ensemble de la France) se situent au-dessous du seuil de pauvreté[1]. La proportion d'immigrés joue comme un handicap supplémentaire qui qualifie négativement le fait d'habiter dans ces quartiers, en même temps qu'elle surdétermine cette disqualification. Car la connotation raciale ou raciste, sur laquelle nous reviendrons, est une dimension essentielle dans ce panorama.

Telle est, trop schématiquement dessinée, la toile de fond sur laquelle se sont déroulées les nuits d'émeutes. Trop schématiquement dessinée, parce qu'il faudrait souligner le fait que « la banlieue », ou même « le grand ensemble » ou « la cité », ne représentent pas du tout des réalités homogènes d'un point de vue sociologique. Au sein d'un même ensemble peuvent coexister des immeubles ou des groupes d'immeubles particulièrement « sensibles » parce qu'y ont été regroupées les plus fortes proportions d'immigrés, de chômeurs, de « cas sociaux », de familles réputées insolvables, etc., et des zones dans lesquelles les habitants mènent une vie paisible et investissent positivement leur quartier. Comme le montre T. Oblet, la politique de certaines municipalités et de certains organismes chargés de la gestion des logements sociaux contribue à créer ces disparités qui rendent particulièrement problématique la « mixité sociale »[2]. La mise en exergue des situations les plus dégradées contribue à construire cette vision globalement catastrophiste de « la banlieue » que diffusent la plupart des médias. Si l'on voulait être rigoureux, il faudrait sans doute proscrire ce terme de banlieue qui, comme auparavant « la zone », reste inscrit dans un imaginaire

1. Voir Cyprien Avenel, *Sociologie des quartiers sensibles*, Paris, Armand Colin, 2004.

2. Voir T. Oblet, *op. cit.*

misérabiliste où rôde l'ombre des Apaches[1], des batailles de chiffonniers et de l'incurie des mauvais pauvres. Objectivement et historiquement parlant, Neuilly-sur-Seine est autant une banlieue que Clichy-sous-Bois[2].

Ce n'est pas, il s'en faut même de beaucoup, l'ensemble des territoires formant ce que l'on appelle « la banlieue » qui se sont embrasés lors des émeutes[3]. Si émeutes il y a eu, elles ne sont en rien comparables à un soulèvement populaire comme purent l'être l'insurrection des ouvriers parisiens en 1848 ou les événements de la Commune de Paris en 1871. « La banlieue » dans son ensemble n'a pas bougé, même si de nombreux témoignages attestent qu'elle a souvent manifesté une certaine compréhension à l'égard des émeutiers. Mais ceux-ci ont exclusivement été des jeunes, souvent de très jeunes hommes, majoritairement issus de l'immigration. Non pas des immigrés à proprement

1. Les Apaches désignaient des bandes de jeunes voyous dans les années 1900, devenues célèbres pour leurs nombreux méfaits.

2. Le *ban* de ban-lieue est d'abord le territoire situé dans le voisinage immédiat d'une ville, sous sa dépendance et d'où l'on peut entendre la cloche du ban. L'arrière-ban est la campagne environnante. (Voir Bruno Étienne, « Ban-lieues, essai d'interprétation anthropologique », *in* Raphaël Draï, Jean-François Mattéi, *La République brûle-t-elle ?,* Paris, Éditions Michalon, 2006.) On pourrait aussi évoquer le bannissement, cette sanction terrible des sociétés préindustrielles qui condamnait à l'errance l'individu privé de toute inscription territoriale, c'est-à-dire de toute protection et de tout droit. Si l'on pense que l'histoire laisse toujours des traces, « la banlieue » est un héritage lourd à porter.

3. On trouvera dans Hugues Lagrange, Marco Oberti, *Émeutes urbaines et protestation,* Paris, Presses de Sciences Po, 2006, une étude très précise de la localisation des émeutes. Par contre, les données permettant de caractériser le profil des émeutiers sont beaucoup plus approximatives, et pour cause : sauf s'ils ont été arrêtés par la police, ils n'ont pas laissé de fiche signalétique. Je suis donc obligé de m'en tenir, avec les autres observateurs, à des estimations : ces émeutiers sont jeunes, de sexe masculin, en majorité d'origine maghrébine (donc pour la plupart de nationalité française) avec toutefois un nombre important de jeunes d'origine subsaharienne dont certains ont également la nationalité française. Il est en revanche attesté que, contrairement aux premières allégations du ministère de l'Intérieur, la proportion d'étrangers impliqués a été insignifiante.

parler, car la plupart d'entre eux sont nés en France, ont la nationalité française, mais sont « issus de l'immigration » en ce sens que leurs parents ont été des immigrés. Ethniquement parlant, ils appartiennent à une minorité par rapport à l'ensemble de la population française, tandis que politiquement parlant ils sont des citoyens français. C'est au poids de ces caractéristiques spécifiques – la classe d'âge, l'origine ethnique, la citoyenneté politique et évidemment aussi la condition sociale – qu'il faut s'attacher pour dégager la signification des événements de l'automne 2005 et, au-delà saisir la place spécifique qu'occupent leurs protagonistes dans la société française.

CHAPITRE II

Ni dedans ni dehors

L'interprétation que l'on propose pour saisir le comportement des jeunes qui ont été les acteurs des émeutes urbaines – et, au-delà, d'une majorité de ces jeunes qui, sans y avoir participé directement, partagent la même « rage » –, c'est qu'ils sont pris dans une contradiction et que leur violence apparemment aveugle est une réponse à caractère nihiliste à l'impasse où ils se trouvent placés. Mais il faut caractériser précisément cette impasse. Elle ne tient pas à leur séparation complète d'avec la société française. Autrement dit, on ne peut rendre compte de leur situation principalement en les considérant comme des exclus confinés dans des ghettos. Ces jeunes ne sont pas exclus parce qu'ils partagent un grand nombre de pratiques et d'aspirations communes à leur classe d'âge, et que beaucoup d'entre eux bénéficient en principe de droits qui sont ceux de la citoyenneté française. Ils ne sont pas non plus placés en situation d'apartheid, car ils ont été, au moins pour une part, socialisés par les institutions de la République et occupent une partie du territoire national qui continue tant bien que mal à être administrée par la puissance publique. Pour situer précisément leur place dans la société française et les problèmes spécifiques qu'elle pose, il faut commencer par prendre ses distances à l'égard des interprétations communément reçues en termes d'exclusion radicale et d'enfermement absolu dans des ghettos, ou au moins par les relativiser. Des processus de séparation et même de ghettoïsation peuvent être actuellement en gestation, on y reviendra. Mais ces dynamiques ne peuvent se comprendre que si l'on comprend aussi, et d'abord, qu'il n'y a pas encore là de ghettos, ni d'exclus à proprement parler, c'est-à-dire si l'on donne un sens un tant soit peu rigoureux à chacun de ces mots.

Il n'y a pas encore de ghettos

Rappelons tout d'abord que les quartiers étiquetés « zones urbaines sensibles » (ZUS) regroupent 4,46 millions d'habitants. Si ghettos il y avait, ils enfermeraient le dixième de la population urbaine résidant en France. La terminologie du ghetto commence par amalgamer des situations et des populations extrêmement hétérogènes, alors que le principal défi, pour une analyse des banlieues, est de rendre compte de cette double hétérogénéité. L'image du ghetto, importée des États-Unis, qualifie des zones ethniquement homogènes, abandonnées à elles-mêmes et vivant en quasi-autarcie. À l'opposé du ghetto racial américain, les quartiers périphériques des villes françaises se caractérisent par leur hétérogénéité ethnique. Même dans les quartiers les plus « métissés », la population d'origine française est toujours majoritaire, et les autres composantes ethniques sont diverses. Si la violence est présente dans les banlieues, ce n'est pas non plus dans une proportion comparable à celle des ghettos américains où l'on comptait en 1990 un taux d'homicides de 100 pour 100 000 habitants. Les indicateurs de dissociation sociale sont également sans commune mesure. Par exemple, au cœur du ghetto noir de Chicago, seuls 16 % des habitants ont un emploi rémunéré et l'on trouve 60 à 80 % de familles monoparentales selon les secteurs (moins de 10 % à La Courneuve)[1].

---

1. Voir Loïc Wacquant, *Parias urbains. Ghetto, banlieues, État.* Paris, La Découverte, 2006. À la différence des proclamations catastrophistes sur « le ghetto des

Certes ces chiffres datent des années 1990, et il faudra les réactualiser. Néanmoins, la réalité du ghetto américain renvoie à la conception d'une *underclass* caractérisée par son homogénéité ethnique et culturelle, formant des îlots uniformes livrés à la déprivation sociale, à la violence et à la dépendance. Image purement stigmatisante qui sert aussi, comme le disent également les Américains, à « blâmer la victime », et à laquelle il faudrait réfléchir à deux fois avant de l'appliquer à des situations où il n'existe pas d'enclaves ethniques si ce n'est au niveau de quelques immeubles ou de quelques cages d'escaliers. Ou alors il conviendrait de dire sans équivoque qu'il s'agit de micro-espaces dégradés qui ne sont absolument pas représentatifs de la situation de « la banlieue » en général[1].

Surtout, pour contester l'assimilation massive des banlieues à des ghettos, on insistera particulièrement sur la manière selon laquelle ces espaces sont, ou ne sont pas, reliés avec l'ensemble de la société, et sur la présence ou l'absence des services et des interventions de l'État et de ses représentants dans ces territoires. En France, même les quartiers les plus « sensibles », et surtout les quartiers les plus sensibles, ont été l'objet depuis le début des années 1980 d'un traitement social continu. La politique de « développement social des quartiers » (D.S.Q.), mise en place à la suite du rapport Dubedout de 1983[2], s'est prolongée en « politique de la ville » placée sous la responsabilité d'un ministre de la Ville en 1990. Elle a développé une foule d'initiatives, souvent innovantes, dans le détail desquelles il

---

banlieues », cet ouvrage présente l'avantage de s'appuyer sur des enquêtes de terrain menées dans le ghetto noir de Chicago et à La Courneuve en Seine-Saint-Denis.

1. Voir Cyprien Avenel, « La question de l'underclass des deux côtés de l'Atlantique », *Sociologie du travail*, XXXIX, 2, 1997.

2. Hubert Dubedout, *Ensemble, refaire la ville*, Paris, La Documentation française, 1983.

serait fastidieux d'entrer. Mais pour s'en tenir au seul aspect financier, entre 1994 et 2001, 3,6 millions d'euros ont été consacrés chaque année en moyenne à cette politique et, fait assez rare, la constance de ces flux d'argent public n'a guère été affectée par les alternances politiques[1].

Il est certes de bon ton aujourd'hui, surtout à la lumière des événements de 2005, de parler de « l'échec » de ces politiques. Mais nous n'avons pas les moyens d'évaluer quelle serait la situation si ces efforts n'avaient pas été déployés[2]. De plus, quels sont les critères de réussite en la matière ? Si ces politiques urbaines ont eu des effets décevants par rapport aux espoirs qu'elles ont pu susciter, c'est aussi parce qu'on en attendait beaucoup, et sans doute trop. Par construction, ces politiques sont des opérations locales qui tentent de mobiliser, avec l'aide de l'argent public et des administrations publiques, des ressources locales (partenariat, politiques transversales au niveau communal ou intercommunal, mise en œuvre de projets, création d'associations, tentatives d'implication des usagers...). Mais précisément parce que ces espaces ne sont pas des ghettos, ils sont traversés par des dynamiques globales qui affectent l'ensemble de la société française et même au-delà, et que des opérations sectorielles ne peuvent à elles seules contrecarrer. Par exemple, les

---

1. Voir Dominique Lorrain, « La dérive des instruments. Les indicateurs de la politique de la ville et l'action publique », *Revue française de science politique*, vol. 56, n° 3, juin 2006.

2. Les tentatives d'évaluation de ces politiques sont très nombreuses. Un observatoire national des ZUS (Zones urbaines sensibles) a été récemment créé. Dans son second rapport annuel publié quelques jours avant le déclenchement des événements de l'automne 2005, il constate que les écarts entre l'ensemble des ZUS et le reste du territoire ont tendance à s'accroître et que le chômage est également en augmentation (Voir Renaud Epstein, Thomas Kirszbaum, « Après les émeutes, comment débattre de la politique de la ville ? », *Regards sur l'actualité*, Paris, La Documentation française, n° 319, mars 2006). Mais ces résultats décevants ne disent évidemment rien sur ce qui se serait produit en l'absence d'une telle politique.

résultats obtenus par les « régies de quartier » qui se proposent de procurer sur place un travail aux habitants ont certainement été très limités. Mais on ne pouvait demander à ce type d'initiatives d'inverser à elles seules les tendances lourdes du chômage de masse qui affectent l'ensemble de la société française. En fait, les effets de la politique de la ville reflètent les limites et les ambiguïtés de toutes les politiques d'insertion et de traitement social du chômage qui ont été menées en France depuis plus de vingt ans. Le plus souvent incapables d'assurer une véritable intégration en débouchant sur un travail stable, elles ont pris en charge des individus et des groupes en difficulté en leur procurant un soutien souvent indispensable pour lutter contre la pauvreté et l'isolement social. Le fait qu'elles n'aient pas complètement changé leur condition et qu'elles ne les aient pas sauvés de la précarité n'autorise pas à conclure qu'elles aient été inutiles, ni à dire que ces populations n'auraient bénéficié d'aucune attention de la part des pouvoirs publics. Il me semble pour le moins léger de charger la politique de la ville, les professionnels et les habitants qui s'y sont impliqués à partir du constat qu'ils n'ont pas fait de miracles.

On pourrait au contraire soutenir la thèse que les « quartiers sensibles » ont bénéficié d'une attention spéciale à travers la mise en place de mesures de discrimination positive prises en leur faveur, comme la création des Zones d'éducation prioritaire (ZEP), ce qui n'est pas le cas pour certaines régions, en particulier de la France rurale ou de la province profonde, qui peuvent présenter des situations aussi alarmantes mais moins visibles et moins mises en exergue par les médias. Dans un article fortement documenté, Dominique Lorrain s'est livré à un exercice, qui n'avait sans doute pas été tenté auparavant : mettre systématiquement en relation la situation d'un quartier de Villiers-sur-Marne en banlieue parisienne et celle d'un quartier de la périphérie de Verdun dans la Meuse, qui n'a jamais fait parler de lui. La comparaison n'est pas unilatéralement au détriment du site francilien. Le revenu moyen par habitant à Villiers-sur-Marne est 20 % supérieur à celui de Verdun et la proportion des foyers non imposés est nettement supérieure à Verdun (54,9 % contre 38,1 % en banlieue parisienne). Les équipements culturels, les services publics, les facilités de transports sont aussi nettement moins fournis dans la région mosellane. Si l'on a besoin par exemple de quitter le site pour trouver un service à l'extérieur, il faut 3 heures pour aller en autobus de Verdun à Nancy, la grande ville la plus proche à 100 kilomètres, et changer trois fois de car. En train, il y a deux liaisons par jour, le voyage dure 1 h 52 le matin et 3 h 50 l'après-midi et il faut changer deux fois de train. Pour aller de Verdun à Paris, il faut cette fois en moyenne 3 h 30, avec aussi un changement de train. En revanche, l'habitant de Villiers-sur-Marne est à 20 minutes du quartier des Halles où il peut se rendre très fréquemment par le RER de 5 h 30 jusqu'à une heure du matin pour 2,5 euros, et il peut avoir accès en moins d'une heure à tous les équipements privés et publics de la ville de Paris[1].

Sans vouloir lasser le lecteur par des détails trop prosaïques, c'est à des analyses de ce type qu'il faudrait procéder avant de parler de ghettos. Si, comme le remarque Dominique Lorrain, une des conditions de l'égalité de traitement des citoyens d'une même nation est l'égalité d'accès aux biens et aux services publics, alors non seulement les habitants de la Meuse, mais ceux de nombreuses zones rurales, sont plutôt discriminés négativement par rapport à la plupart des « quartiers sensibles ». Pourtant, et pour revenir une dernière fois sur cette comparaison, le quartier des Hautes Noues à Villiers-sur-Marne vient de se voir attribuer un programme de réhabilitation sur cinq ans qui correspond à une dotation de 12 450 euros par habitant, tandis que les quartiers de Verdun bénéficiaient en 2004 d'un

1. Dominique Lorrain, « La dérive des instruments », art. cité.

contrat ville correspondant à une dotation de 11,8 euros par habitant. Il conviendrait de s'interroger plus avant sur les critères et les raisons qui président aux choix opérés par les politiques publiques et qui conduisent aussi à construire une image stéréotypée de la banlieue et de ses problèmes. Ce qui est mis en exergue et médiatisé sur le mode de « la question des banlieues » ne représente qu'une part, même si elle est essentielle, des problèmes que posent en France la violence, la remontée de l'insécurité sociale, de la précarité et le développement de nouvelles formes de pauvreté. Et en tout état de cause, on ne peut rendre compte de l'état de déréliction dans lequel se trouvent effectivement certains quartiers difficiles uniquement par le fait qu'ils seraient laissés à l'abandon et qu'ils seraient devenus des « zones de non-droit », des jungles urbaines livrées aux caïds et aux voyous, quand ce n'est pas aux extrémistes islamistes. Cette version policière de la théorie du ghetto, souvent reprise par les médias, justifie la formulation de cette question des banlieues en termes de reconquête quasi militaire, comme s'il suffisait d'éradiquer le mal en criminalisant « la racaille » pour retrouver la paix civile et l'harmonie sociale. Elle est démentie par les observateurs de terrain[1] comme par tous ceux (ce sont souvent les mêmes) qui essaient de comprendre la complexité du problème.

Pour ce faire, il faut prendre acte du fait qu'en dépit de ses insuffisances et de ses dysfonctionnements la puissance publique est présente en banlieue sous de multiples formes. Elle l'est à travers la mise en œuvre de la politique de la ville et le déploiement des services sociaux. Elle l'est aussi à travers l'accès même imparfait aux services publics et aux institutions publiques comme l'école. Elle l'est enfin à travers la présence

1. Voir par exemple Michel Kokoreff, *La force des quartiers*, Paris, Payot, 2003, Laurent Muchielli, Véronique Le Goaziou, *Quand les banlieues brûlent…*, *Retour sur les émeutes de novembre 2005*, Paris, La Découverte, 2006, et le dossier de la revue *Mouvements* (*Émeutes et après ?*), n° 44, mars-avril 2006.

des représentants de ces deux fonctions régaliennes par excellence que sont la police et la justice. Les interventions des « forces de l'ordre » en particulier sont multiples, des contrôles d'identité incessants aux interpellations, perquisitions, opérations massives, menées de jour comme de nuit. Ce qui fait problème dans les quartiers, on y reviendra, ce pourrait être davantage l'omniprésence de la police, du moins dans les formes qui prévalent aujourd'hui, que son absence. En tout cas, on ne peut penser la problématique de la banlieue comme si elle était un *no man's land* social laissé à l'abandon. On a parfois dit que le périphérique qui sépare Paris de ses banlieues fonctionnait comme une frontière. Mais ce n'est pas pour autant le mur de Berlin (et d'ailleurs le périphérique sépare aussi Paris de Neuilly-sur-Seine). Les mécanismes qui produisent la relégation d'une partie de la population dans ces quartiers sont plus complexes que ceux qui institueraient une séparation spatiale et raciale entre deux univers sociaux.

Il n'y a pas encore d'exclus

Pas plus que la banlieue n'est un « ghetto », le jeune de banlieue n'est un « exclu », si du moins on donne à la notion d'exclusion – ce qui n'est pas souvent le cas à travers l'inflation actuelle de ses usages – le sens un peu précis d'une coupure franche instaurée entre deux catégories de la population, les « exclus » se retrouvant complètement retranchés du jeu social parce qu'ils n'ont aucun des droits, des attributs et des ressources nécessaires pour participer à la vie collective. Mais les jeunes de banlieue sont si peu des exclus en ce sens que la majorité d'entre eux bénéficie au contraire des deux prérogatives essentielles de l'appartenance à la nation française, la citoyenneté politique et la citoyenneté sociale. En effet, ces jeunes des cités, au-delà de leur origine ethnique, sont le plus souvent des citoyens français et jouissent donc en principe de la totalité des droits qui y sont attachés, droits politiques et égalité de traitement par les lois de la République. Au moment de leur majorité, ils reçoivent cet ensemble de droits qui, disait Tocqueville, anoblissent ceux qui en bénéficient, qui sont loin d'exister partout dans le monde, et qui ont exigé des siècles de luttes avant de s'appliquer à tous (les femmes ont d'ailleurs dû attendre 1945 pour en disposer pleinement).

Ces jeunes ne sont pas non plus des exclus parce qu'ils bénéficient également des attributs de la citoyenneté sociale : une protection contre les principaux risques sociaux, l'accident, la maladie, l'absence totale de ressources. Ces prérogatives n'allaient pas de soi, et elles ont mis encore plus longtemps à s'imposer que les attributs de la citoyenneté politique. C'est seulement dans la période qui a suivi la fin de la Seconde Guerre mondiale qu'une protection sociale étendue et une sécurité sociale généralisée se sont appliquées à la majorité de la population française, constituant l'assise d'une citoyenneté sociale. Cependant, pour la foule de travailleurs immigrés appelés par la pénurie de main-d'œuvre qui a caractérisé cette période, la situation était très différente. Dans un pays comme la France où la nationalité et la citoyenneté sont des notions indissociables, la question des droits des immigrés, concernant d'abord des hommes de nationalité étrangère dont la présence sur le sol français était censée être provisoire, a pu se poser seulement par l'intermédiaire du travail, sans qu'ils s'inscrivent dans le cadre d'une citoyenneté nationale. Mais pour leurs enfants, cette restriction est levée. Ces jeunes de la deuxième ou de la troisième génération sont en principe des citoyens, sous le double registre de la citoyenneté politique et de la citoyenneté sociale. Ils ont le droit de vote mais aussi le droit à la santé, aux prestations de la sécurité sociale, aux minima sociaux… Si je ne craignais d'être mal compris, je soulignerais le caractère très privilégié de cette situation par rapport à celle de la plupart des populations paupérisées qui peuplent les trois quarts de la planète. C'est pourtant une évidence. Ce n'est pas nier la détresse qui peut exister en banlieue que de dire qu'elle est toute différente de la misère africaine, ou de celle des favelas brésiliennes ou des ghettos américains, ou encore de cette misère qui règne dans tous ces pays dans lesquels une part importante de la population survit au jour le jour sans droits sociaux, sans services publics d'éducation ni de santé. Mais en banlieue française, comme le disent également Christian Bachman et Nicole Le Guennec, « L'exclu n'existe pas. Il n'est qu'une personne sans travail régulièrement rémunéré et socialement dominée, dotée aux yeux de tous d'un statut inférieur, vivant d'une part de quelques subsides publics et privés qui lui sont dispensés selon des rythmes plus ou moins aléatoires, et d'autre part d'expédients gérés aux franges de la légalité »[1]. Pour analyser ces situations complexes , la catégorie massive « d'exclu » n'est pas d'un grand secours.

Ces jeunes des cités ne sont pas non plus exclus au sens où ils seraient coupés de la culture française dominante. En dépit d'un certain bi-culturalisme hérité de leur milieu familial, leur culture de base est massivement française. Ainsi dans le cadre d'une enquête de 1992 portant sur les jeunes Algériens, 87 % d'entre eux déclaraient que leur langue maternelle était le français et seuls 28 % disaient comprendre l'arabe ou le berbère (par contre, 49 % des jeunes d'origine portugaise et 70 % des jeunes d'origine espagnole déclaraient comprendre la langue maternelle de leurs parents). Ces mêmes jeunes d'origine algérienne sont également très majoritairement « laïcs » au même titre que leurs homologues d'origine métropolitaine : 68 % d'entre eux déclarent ne pas avoir de religion ou ne pas la pratiquer,

1. C. Bachman, N. Le Guennec, *op. cit.,* p. 488.

proportion presque identique à celle des jeunes d'origine métropolitaine, 70 %[1].

Si on prend le mot culture au sens de partage de valeurs et de modes de vie communs, on doit aussi constater une forte homogénéité entre les jeunes de banlieue et les jeunes en général. Si on a pu parler d'une « culture des cités », elle n'est pas comparable à ce que les anthropologues appellent la « culture de la pauvreté » : la production et la reproduction en vase clos de comportements, de modes de vie et d'aspirations qui sont exclusivement ceux des milieux les plus défavorisés[2]. Les jeunes des cités partagent au contraire largement les valeurs et les aspirations de la société, en particulier le goût de consommer, l'intérêt pour l'argent et pour les signes extérieurs de richesse sur lesquels ils auraient d'ailleurs plutôt tendance à en rajouter. Pour la plupart, ils aspirent à une vie « banale » ou « normale », congruente avec les valeurs des classes moyennes : fonder une famille, avoir des enfants, une bonne situation, être conformes à ce qui est requis pour réussir dans la vie[3]. Sur le plan esthétique aussi, ils partagent les goûts musicaux et les intérêts culturels de leur classe d'âge, ou du moins ceux des milieux populaires en général. La frontière est si peu étanche sur ce plan entre « jeunes de banlieue » et jeunes tout court que des innovations issues de la culture de la rue comme le rap sont parfaitement acceptées et font partie à part entière de la culture commerciale. Plus généralement, on pourrait dire avec Cyprien Avenel que la plupart de ces jeunes ont « les pieds dans la précarité économique et la tête dans l'univers culturel des classes moyennes »[4].

---

1. Marie-Claude Blanc-Chaléard, *Histoire de l'immigration*, Paris, La Découverte (coll. « Repères »), 2001, p. 106.

2. Voir Oscar Lewis, *Les enfants de Sanchez. Autobiographie d'une famille mexicaine*, trad. fr. Paris, Gallimard, 1981.

3. Voir C. Avenel, *op. cit.*

4. *Ibid.*, p. 58.

On voit sur quelles simplifications reposent les discours, pourtant communément tenus, qui assimilent ces jeunes à des membres de sorte de tribus sauvages, complètement désocialisés, à moins qu'on ne se les représente totalement retranchés dans un univers « arabo-musulman » étranger à la culture française. Ils sont au contraire largement traversés par cette culture, qui est aussi dans une large mesure celle des adolescents de leur génération, la culture de la modernité, et ils sont si peu enfermés dans une culture musulmane que, pour prendre l'exemple de ceux qui sont d'origine algérienne, plus des trois quarts d'entre eux ne parlent même pas l'arabe, et près des trois quarts également ont un rapport aussi distancié à la religion que celui des jeunes chrétiens de leur génération Pour de multiples raisons, ils n'ont pas le désir, qu'ont pu avoir leurs parents, d'un « retour au pays » qui n'a jamais été leur pays. S'ils devaient avoir une patrie, ce serait la France, et s'ils sont rarement en mesure de pouvoir y être acceptés comme des citoyens à part entière, ils n'en sont certainement pas les seuls ni même les principaux responsables. Il existe certes dans les cités des individus et des petits groupes de jeunes perpétuellement désœuvrés, affichant leur opposition aux normes dominantes, agressifs et souvent délinquants. Mais faire de ces comportements asociaux un modèle d'interprétation valant pour « les jeunes de banlieue » en général relève de la désinformation ou de la mauvaise foi.

Ainsi le problème qu'affrontent ces jeunes n'est pas d'être *en dehors* de la société ni quant à l'espace qu'ils occupent (la cité n'est pas un ghetto), ni quant au statut qui est le leur (beaucoup d'entre eux sont des citoyens et non des étrangers). Mais ils ne sont pas non plus *dedans* puisqu'ils n'y occupent aucune place reconnue et beaucoup d'entre eux ne paraissent pas susceptibles de pouvoir s'en ménager une. Si révolte du désespoir il y eut, c'est qu'ils avaient la conviction d'être placés face à un avenir bouché, démunis des ressources nécessaires pour être reconnus comme des membres à part entière de la société. Leur exil est un exil intérieur qui les conduit à vivre en négatif, sous la forme de promesses non tenues, leur rapport aux opportunités et aux valeurs qu'est censée incarner la société française. C'est de cette situation paradoxale dont il faut essayer de rendre compte plus précisément : ils sont des citoyens, ils sont inscrits dans le territoire français, et néanmoins ils subissent un traitement différentiel qui les disqualifie.

CHAPITRE III

La gestion différentielle des minorités ethniques

« Liberté, égalité, fraternité, mais pas dans les cités » : ce slogan souvent répété lors des nuits d'émeutes exprime la conscience du déni de droit dont ces jeunes se sentent l'objet. Que recouvre-t-il exactement ? Sans doute ne sont-ils pas les seuls à être en droit de se plaindre des dysfonctionnements de la société française. Comme on l'a déjà souligné, la banlieue est prise dans la nouvelle problématique de la question sociale caractérisée par le chômage de masse, la déqualification de larges segments des milieux populaires, l'installation dans la précarité comme nouveau régime du travail, la paupérisation de certaines catégories de travailleurs, la remontée de l'insécurité sociale… Mais si la banlieue n'est pas une exception monstrueuse par rapport à cette problématique qui traverse l'ensemble de la société française, il faut ajouter qu'elle la surdétermine et que les jeunes qui se sont révoltés portent la marque de cette surdétermination. Ils savent bien, comme aujourd'hui beaucoup de représentants des catégories populaires en situation de déclin social, que le travail est rare, que leur cadre de vie est sans attrait et que la réussite scolaire ne garantit pas la réussite socioprofessionnelle. Mais au malheur d'être pauvre et livré à l'incertitude des lendemains s'ajoute un profond sentiment d'injustice : ils constatent qu'ils ne sont pas traités à parité pour affronter ces situations. Un facteur ethno-racial renforce la détresse sociale en l'inscrivant dans une logique de discrimination négative. Ainsi la réaction des jeunes des cités pourrait se comprendre, au moins pour une part, comme une révolte civique face au déficit de citoyenneté dont ils pâtissent. Dans une société qui proclame l'égalité des droits et l'égalité des chances de tous les citoyens, ils expérimentent au quotidien qu'il est fait un traitement injustifiable de leur différence dans des secteurs clés de la vie sociale.

La discrimination policière et judiciaire

Les relations avec les « forces de l'ordre » sont sans doute la manifestation la plus fréquente et la plus évidente de ce traitement différentiel. Les contacts avec la police ont été à l'origine du déclenchement de toutes les violences urbaines que l'on a pu observer en France depuis l'été 1981 (Les Minguettes à Vénissieux) jusqu'à celles de l'automne 2005. Mais en dehors de ces paroxysmes, les frictions avec la police sont quasi quotidiennes et se jouent le plus fréquemment sur des facteurs de différenciation ethnique : « délits de faciès » à l'occasion de multiples contrôles d'identité, interpellations musclées et gardes à vue parfois accompagnées de remarques à caractère raciste, « bavures policières » rarement sanctionnées, etc. Les relations de ces jeunes avec la police constituent le point de cristallisation d'une « rage » faite de frustrations accumulées au long de nombreuses expériences d'humiliation qui leur ont appris qu'il y avait deux poids deux mesures dans la manière de traiter les individus dans l'espace public.

Il ne s'agit pas de criminaliser la police, ni de suggérer que sa présence ne serait pas indispensable dans les quartiers sensibles. Les provocations peuvent être réciproques dans ces manières de jouer au gendarme et au voleur qui finissent souvent mal[1]. Mais on est loin d'avoir réussi à faire de la police un véritable service public implanté sur le territoire, au lieu que les « forces de l'ordre » soient exclusivement le bras armé d'un appareil d'État qui fait brutalement irruption du dehors pour réprimer les turbulences locales[2]. Outre qu'il pourrait améliorer cette relation « structurellement difficile », comme le dit Dominique Monjardet, entre les jeunes et la police, un tel redéploiement des services policiers serait seul en mesure d'assurer la protection de l'ensemble des habitants de ces quartiers qui vivent dans une insécurité que tout le monde dénonce, mais que les « forces de l'ordre » dans leur organisation actuelle sont incapables de combattre. De ce point de vue, l'abandon de la « police de proximité » que le gouvernement de la gauche plurielle avait tenté de mettre en place, et son remplacement par une « culture du résultat » après le changement de majorité en 2002 ont certainement été lourds de conséquences. Bien qu'elle soit difficile à mettre en œuvre, une véritable police de proximité serait sans doute seule susceptible de concilier prévention et répression dans l'exercice du mandat policier[3]. Quant aux jeunes discriminés sur la base de leur appartenance ethnique, on ne prétend pas qu'ils

---

1. Pour une analyse équilibrée des relations de ces jeunes avec la police, voir Fabien Jobard, « Sociologie politique de la "racaille" », *in* H. Lagrange, M. Oberti, *op. cit.*

2. Voir l'entretien avec Dominique Monjardet, « La crise de l'institution judiciaire ou comment y faire face », *Mouvements*, n° 44, mars-avril 2006 ; voir aussi Laurent Mucchielli « Il faut changer la façon de faire la police dans les "quartiers sensibles" », in *Banlieues, lendemains de révolte*, Paris, La Dispute, 2006.

3. Sur les questions complexes que soulève la police de proximité, mais aussi sur les espoirs qu'elle peut porter, voir Sébastien Roché, *Police de proximité. Nos politiques de sécurité*, Paris, Le Seuil, 2006.

soient tous innocents. Mais innocents ou coupables, ils peuvent ressentir un profond sentiment d'injustice lorsque les représentants de la loi eux-mêmes les traitent comme s'ils n'étaient pas égaux devant la loi.

Il en va de même des rapports avec la justice, l'autre pouvoir régalien dont ils peuvent avoir l'expérience. Par exemple, s'agissant de condamnations portées pour « outrage, rébellion et violence à agents de la force publique », une enquête portant sur 1 800 affaires montre que les peines de prison ferme et de plus longue durée sont appliquées dans 25 % des cas à des prévenus « de type nord-africain », selon la terminologie de la police, et dans 10 % des cas à des prévenus « de type européen »[1]. La justice s'est aussi souvent montrée particulièrement expéditive pour réprimer les auteurs des infractions commises dans le cadre des événements de l'automne 2005. On a pu parler de « justice d'abattage » pour qualifier la pratique de certains tribunaux siégeant en continu pour infliger en comparution immédiate des peines de prison ferme pour des infractions qui auraient pu relever d'un simple rappel à l'ordre[2].

Mais plus généralement les jeunes dont les parents sont d'origine maghrébine constituent un groupe à haut risque face à l'éventualité d'une sanction pénale, et ceci dans des proportions surprenantes. Dans la tranche d'âge des 18-24 ans,

1. Voir Fabien Jobard, « Police, justice et discriminations raciales », *in* Didier Fassin et Éric Fassin, *De la question sociale à la question raciale ?*, Paris, La Découverte, 2006. Il faut préciser que les prévenus « nord-africains » sont accusés de délits plus graves (violences plutôt qu'outrages, plus souvent récidivistes, plus souvent sans emploi, ce qui accroît la sévérité de la peine). Une autre enquête rapportée par Fabien Jobard montre que les individus de type « nord-africain » sont plus souvent interpellés et plus souvent déférés devant la justice. C'est donc l'ensemble de la « chaîne pénale » qui produit ce traitement discriminatoire.

2. Voir Evelyne Sire-Marin, « L'État d'urgence, rupture de l'État de droit ou continuité des procédures d'exception ? », *Mouvements*, n° 44, mars-avril 2006.

39,9 % des jeunes incarcérés ont un père né au Maghreb pour 38,8 % dont le père est né en France. Sachant que seulement 8,5 % des parents sont nés au Maghreb et que 75,5 % sont nés en France, cela signifie qu'il y a proportionnellement près de 10 fois plus de jeunes détenus dont le père est né au Maghreb que de détenus dont le père est né en France. Si l'on ajoute qu'il y a aussi des parents d'origine maghrébine qui sont nés en France, cette relation entre le taux d'incarcération et l'origine maghrébine est encore plus forte. Comme le dit Farhad Khosrokhavar qui cite ces statistiques de la Direction de l'administration pénitentiaire, « En fait, les "musulmans" en prison désignent surtout les habitants masculins des banlieues (les femmes sont très peu nombreuses), parmi lesquels les "jeunes" (entre 15 et 35 ans) forment la grande majorité [...]. Un fait demeure : ceux dont les parents sont d'origine maghrébine sont largement sur-représentés[1]. »

On ne prétend nullement que ces rencontres avec la justice représentent autant d'injustices. Ce type de statistiques peut aussi être et est souvent utilisé pour dénoncer le nombre très élevé de délinquants parmi les jeunes de banlieue d'origine immigrée, et cette surreprésentation n'est pas contestable. Mais, sauf à assimiler l'ensemble de cette population à des délinquants en puissance, ces données signifient aussi que ces jeunes, y compris la majorité d'entre eux qui n'ont rien à se reprocher, expérimentent dans leur vie de tous les jours l'omniprésence de la police et de la justice. À travers ce qui a pu arriver à un membre de leur famille, ou à un copain ou à un voisin, et ce qu'ils craignent pour eux-mêmes à travers les contrôles d'identité et les interpellations même lorsqu'ils sont innocents, leur relation avec la police et la justice se vit sous le signe de la menace perpétuelle. Alors que l'État de droit est

1. Farad Khosrokhavar, *L'Islam dans les prisons*, Paris, Balland, 2004.

censé protéger l'ensemble des citoyens et garantir la paix civile, ces jeunes ont de ses représentants dans les banlieues une expérience le plus souvent négative.

La discrimination dans le rapport à l'emploi

Un même traitement différentiel opère dans le rapport au travail. Ce type de discrimination à l'embauche est proscrit par la loi (loi du 16 novembre 2001 qui condamne les discriminations fondées sur « l'apparence physique » ou « le patronyme ») et par le droit du travail (article I 122-49). Il est pourtant très fréquent quoique difficile à mesurer, car ces raisons sont rarement explicitées (voir *infra*, Annexe 5). Néanmoins on a pu mesurer que le taux de chômage des jeunes d'origine algérienne de 24 à 29 ans était environ trois fois plus élevé que celui des jeunes d'origine portugaise : 35 % contre 12 % en 1990[1]. Autre indice, certains quartiers d'habitat social qui comportent les taux d'immigrés les plus forts et qui ont fait particulièrement parler d'eux en novembre 2005 ont des taux de chômage exorbitants pour les jeunes de 15 à 24 ans : 41 % à la Grande Borne à Grigny, 54 % à la Reynerie et à Bellefontaine à Toulouse[2]. Il est certes impossible de distinguer strictement, pour expliquer ces tristes records, ce qui tient à la discrimination due à l'origine ethnique proprement dite de l'effet de l'échec scolaire, car ces deux handicaps s'additionnent, comme on va le préciser plus loin. Mais pour les jeunes diplômés qui ont passé le barrage sco-

1. Jean-Louis Richard, *Partir ou rester ? Destinées des jeunes issus de l'immigration*, Paris, PUF, 2004, p. 157.

2. Stéphane Beaud, « L'insertion professionnelle en question », *Regards sur l'actualité*, n° 319, Paris, La Documentation française, mars 2006, p. 28.

laire, la discrimination ethno-raciale est également évidente. Une enquête menée à Roubaix auprès des 500 titulaires du baccalauréat inscrits au RMI établit que 90 % d'entre eux portent des noms à consonance arabe. Un « testing » monté par l'Observatoire des discriminations de l'Université de Paris I montre qu'à la suite de l'envoi de *curriculum vitae* correspondant à 258 offres d'emploi, 75 candidats étaient convoqués pour un entretien s'ils étaient d'origine française et habitaient Paris. En revanche un candidat qui, toutes choses égales par ailleurs, habitait un quartier de banlieue et portait un nom à consonance maghrébine n'était invité que quatorze fois pour un entretien d'embauche[1].

On a pu ainsi parler pour les enfants d'immigrés, même fortement diplômés, d'un « plafond de verre » qui bloque leurs chances à l'embauche et compromet leurs possibilités d'ascension sociale (voir *infra*, Annexe 3). Comme le note Stéphane Beaud, ce chômage des diplômés a des effets dévastateurs sur les plus jeunes qui sont souvent les cadets d'une fratrie et ont déjà l'expérience de la désespérance sociale à travers l'échec de leurs grands frères ou de leur père. Même très jeunes, ils ont par le bouche à oreille une bonne connaissance empirique de l'état du marché du travail et pour eux la conscience du « *no future* » n'est pas une idée abstraite.

Il faudrait ajouter qu'il ne suffit pas d'avoir pu surmonter ces obstacles sur la voie de l'accès à l'emploi pour être accepté à part entière dans une communauté de travail. Au travail aussi, la discrimination négative joue, elle peut polluer les relations entre les travailleurs et bloquer les carrières professionnelles. L'entreprise en perte de solidarités collectives et d'affinités de classe, livrée à une concurrence entre égaux sous la menace du chômage,

---

1. Patrick Weil, *La République et sa diversité*, Paris, La République des Idées/Seuil, 2005, p. 78.

marque l'immigré ou l'enfant d'immigré de leur différence : même à qualification égale, ils seront moins égaux que les autres. Le plus souvent assignés aux tâches les plus subalternes et les plus précaires, ces immigrés sont de surcroît souvent en butte aux plaisanteries douteuses ou aux réactions de rejet[1]. De ce point de vue, leur condition peut être pire que celle d'immigrés de générations antérieures dont l'existence était pourtant bien peu enviable. Cependant le travailleur immigré pouvait alors s'identifier à la classe ouvrière et partager, du moins en partie, ses valeurs et ses solidarités[2]. Au sein d'un monde du travail de plus en plus en proie à la concurrence de tous contre tous, les immigrés ou assimilés, plombés par le racisme, sont les plus mal armés pour affronter la pénurie du travail, et ce constat peut valoir à la fois pour accéder à l'emploi et pour s'y maintenir ou pour y progresser.

On pourrait dire, en reprenant une formule d'Hannah Arendt énoncée dans un autre contexte, que beaucoup d'enfants d'immigrés sont comme « des travailleurs sans travail, c'est-à-dire privés de la seule activité qui leur reste ». Et elle ajoutait : « On ne peut rien imaginer de pire ». Ils sont en effet ou devraient devenir des « travailleurs », parce que l'accès au travail est pour eux la seule manière possible de subvenir à leurs besoins, du moins par des moyens légitimes[3]. Mais beaucoup seront des « travailleurs sans travail » ou de futurs travailleurs sans travail, parce qu'ils savent bien que leurs chances d'accéder à un véritable travail sont d'emblée compromises. Les différences dans l'accès à l'emploi que l'on découvre dans les statistiques

1. Philippe Bataille, *Le Racisme au travail*, Paris, La Découverte, 1997.

2. Voir Gérard Noiriel, *Longwy : Immigrés et prolétaires*, Paris, PUF, 1984.

3. Ces moyens ne sont évidemment pas les seuls, et l'absence d'un travail « honnête » est la raison principale du développement d'une économie parallèle à base de trafics illicites et de délinquance, difficile à chiffrer mais considérable, et qui entretient une culture de la violence.

(trois fois plus de jeunes chômeurs d'origine maghrébine que d'origine portugaise par exemple) portent sur un élément qui peut être vital, en ce sens que l'absence de travail peut condamner à une mort sociale ou engager dans un parcours de délinquance. De surcroît, cette différence est un déni de droit, elle est absolument injustifiable au regard du principe de l'égalité de traitement des citoyens devant la loi qui est censé être un des fondements de la République[1].

Les ouvriers parisiens ont déclenché l'insurrection de juin 1848 au nom du droit au travail parce que, pensaient-ils, « le droit au travail c'est le droit de vivre en travaillant[2] ». Les jeunes émeutiers n'ont pas brûlé des voitures au nom du droit au travail, et à vrai dire ils n'ont rien revendiqué du tout. Mais à travers le non-dit de leur révolte, il n'est pas interdit de lire leur frustration et leur sentiment de découragement et d'impuissance devant l'injustice qui leur est faite sur ce plan et qui, elle, est parfaitement objective.

Le blocage scolaire

Pourrait-on dire que ces jeunes des cités sont aussi « des écoliers sans école » ? Ici l'analyse doit se faire plus nuancée. L'école républicaine n'exclut pas, elle accueille sans distinction tous les élèves d'une classe d'âge et c'est à son honneur. Mais si elle n'exclut pas, elle expulse ceux qu'elle est incapable d'intégrer,

1. Pour les mesures prises contre les discriminations à l'embauche qui commencent à devenir une préoccupation mais qui sont encore très timides, voir Jacques Le Goff, « Lutter contre les discriminations à l'embauche », *Esprit*, février 2006.

2. Félix Pyat dans son plaidoyer à l'Assemblée pour le droit au travail le 2 novembre 1848, cité par Maurice Aguilhon, *Les Quarante-Huitards*, Paris, Gallimard-Julliard, 1973, p. 184.

et ici aussi le tri ne se fait pas au hasard. Ainsi parmi les élèves qui ont quitté l'école sans le moindre diplôme en 1998, 43 % avaient des parents d'origine maghrébine. Pour apprécier la gravité de cette situation, il faut savoir qu'en raison des progrès de la scolarisation, globalement il n'y a plus que 8 % des élèves qui sortent du système scolaire sans certification (contre 20 % en 1976). Les jeunes Maghrébins sont ainsi nettement sur-représentés parmi les plus défavorisés au regard de l'école d'abord, mais ce handicap va grever toute leur vie professionnelle. Soit ils ne trouveront pas de travail (40 % des sans-diplômes étaient au chômage en 2004), soit ils occuperont les emplois les plus sous-qualifiés, les moins bien rémunérés et les plus précaires (voir *infra*, Annexe 6). D'autant que la proportion de ces emplois sous-qualifiés s'étant considérablement réduite en raison des transformations du marché du travail, les employeurs choisissent préférentiellement des diplômés même pour les emplois non qualifiés, de sorte que les non-diplômés se trouvent relégués à la fin de la file d'attente des chômeurs. « Malheur aux vaincus de l'ordre scolaire[1] ». Un avenir voué au chômage ou à l'installation dans le précariat commence souvent avec le décrochage par rapport à l'école – à moins que ces jeunes sans avenir dans l'ordre du travail ne renoncent à chercher des emplois si aléatoires et si peu attractifs et ne « choisissent » le secteur de l'économie souterraine et de la délinquance.

Mais si les jeunes issus de l'immigration sont ainsi souvent invalidés à partir du rapport qu'ils ont entretenu avec l'école, on ne peut pas dire pour autant qu'ils sont totalement étrangers aux valeurs qu'elle porte. Ils ont fréquenté le système scolaire, ce ne sont pas des « sauvageons » voués à l'inculture, mais plutôt des produits avortés de l'appareil scolaire. Comment peut-on éprouver cette situation, si ce n'est sur le mode de la frustration et parfois

1. Voir S. Beaud, « L'insertion professionnelle en question », art. cité.

de la rage impuissante, avec le regret des occasions manquées ? On ne peut en effet vivre aujourd'hui en France sans être plus ou moins imprégné de la conviction que la réussite scolaire est la voie royale de la promotion sociale et de l'intégration dans la société. Ainsi les classes moyennes ne pensent qu'à cela et mobilisent toutes les stratégies possibles pour maximiser les chances scolaires de leur progéniture. Mais si les jeunes des milieux défavorisés, et en particulier des milieux immigrés, peuvent avoir les mêmes aspirations, ils font en même temps le plus souvent l'expérience de l'impossibilité de les réaliser. L'école continue à prétendre fonctionner sur le principe républicain de l'égalité des chances et de la promotion par le mérite, mais elle s'avère incapable d'assurer la parité des groupes sociaux pour parvenir effectivement à réaliser cet idéal. Ainsi l'école a-t-elle toutes les chances de décevoir ceux-là mêmes qui croient en elle sans avoir les moyens de jouer le jeu qu'elle impose.

C'est le risque que courent au plus haut point les jeunes issus de l'immigration. Les familles d'immigrés sont les plus démunies pour mobiliser ces ressources si utiles pour assurer la réussite scolaire que sont la proximité entre la culture familiale et la culture scolaire, la familiarité avec le fonctionnement du système éducatif qui permet de choisir les bonnes orientations, la possibilité d'incarner des modèles positifs de réussite qui passent par les accomplissements scolaires. Rien d'étonnant dans ces conditions à ce que leurs enfants se sentent souvent eux-mêmes à distance de la culture scolaire, s'accordent mal à ses exigences et se trouvent finalement relégués dans les filières les moins attractives et les moins porteuses de débouchés intéressants. Ce n'est pas à proprement parler de la discrimination, parce que l'école n'exclut pas ces enfants à l'entrée et qu'elle ne les expulse pas non plus sur des critères explicitement ethniques. C'est une logique sociale qui joue en principe pour tous les groupes sociaux et qui défavorise aussi d'autres catégories sociales et les milieux populaires en général. Elle s'inscrit dans le « vieux » schéma dégagé dès les années 1960 par Pierre Bourdieu et Jean-Claude Passeron[1], mais qui n'a jamais été aussi actuel qu'aujourd'hui (voir à titre d'exemple le recrutement social des élèves des grandes écoles et de l'École Nationale d'Administration). La différence principale intervenue depuis quarante ans tient au fait que le public potentiel de l'école est plus nombreux, plus hétérogène quant à sa composition sociale, et aussi qu'en fonction de l'évolution du marché du travail il est plus grave aujourd'hui de manquer de certifications scolaires. Les candidats sont de plus en plus nombreux, la compétition de plus en plus difficile, et en fin de course les perdants ont davantage perdu parce qu'il est beaucoup plus invalidant d'être sans diplôme ou sous-diplômé aujourd'hui. Mais les plus perdants parmi les perdants sont le plus souvent les élèves issus de l'immigration.

Cette logique est extérieure à l'école, mais elle la pénètre profondément et elle conditionne largement la réussite ou l'échec des élèves qu'elle prend en charge, et l'école n'a apparemment pas trouvé les moyens de la combattre efficacement. S'il n'y a pas, du moins en règle générale, de discrimination ethnique au sein du système scolaire, le facteur ethno-racial joue néanmoins comme un handicap décisif par rapport à la réussite scolaire. Il fait que les élèves issus de l'immigration, de surcroît sur-représentés dans les établissements les moins cotés (40 % des élèves immigrés ou issus de l'immigration sont rassemblés dans 10 % des collèges), peuvent vivre plus profondément que les autres le divorce entre une promesse d'égalité des chances faite à tous et la possibilité de sa réalisation effective, qui exige des conditions dont ils ont le moins la maîtrise.

Il est certainement injustifiable de brûler des écoles. Mais même un acte apparemment insensé est rarement commis sans aucune raison et peut signifier que son auteur se trouve dans une

1. Pierre Bourdieu et Jean-Claude Passeron, *Les Héritiers*, Paris, Éd. de Minuit, 1966, et *La Reproduction*, Paris, Éd. de Minuit, 1970.

impasse. Dans les conflits sociaux, les travailleurs respectent généralement « l'outil de travail », sauf s'ils sont dans une situation désespérée qui leur fait penser qu'ils n'ont plus d'avenir. Il peut y avoir du désespoir dans la situation d'élèves qui constatent que les promesses de l'école auxquelles ils auraient voulu croire resteront pour eux lettre morte. Cela signale un grave échec du système scolaire qui devrait nous obliger à nous interroger plus avant pour dépasser la contradiction d'une école qui promet beaucoup à tous, mais donne beaucoup à certains et très peu à d'autres. L'école est certainement, avec le statut de l'emploi, l'institution la plus importante pour promouvoir l'intégration des citoyens d'une nation et elle a fait la preuve de son efficacité sous la IIIe République. Force est de constater que ce pouvoir est aujourd'hui en défaut, et qu'il est précisément le plus en défaut par rapport aux catégories de la population qui appartiennent à des minorités ethniques. Il y a ici aussi dans la situation qui leur est faite un déni de droit, si l'on pense que le droit à l'éducation devrait se traduire par un droit à l'égalité des chances pour tous ceux que le système scolaire accueille[1].

La stigmatisation de l'appartenance religieuse

Sans prétendre à l'exhaustivité (on pourrait aussi évoquer, par exemple, la discrimination dans le rapport au logement)[2], on a essayé de décliner quelques secteurs dans lesquels le fait pour

1. C'est ici que la notion de « discrimination positive » pourrait prendre un sens incontestablement positif et même correspondre à une nécessité. On sait qu'elle a été tentée sous la forme de la mise en place des Zones d'éducation prioritaires (ZEP) dont les résultats (comme ceux de la politique de la ville) ont été contestés. On reviendra sur ce point dans le dernier chapitre.

2. Sur ce point, voir par exemple Fedicha Belmessous *et al.*, *Les minorités de la République. La discrimination au logement des jeunes générations d'origine immigrée*, Paris, La Dispute, 2006.

un jeune d'appartenir à une minorité ethnique joue comme un handicap et parfois comme un stigmate : dans les rapports avec la police et avec la justice, pour accéder à l'emploi et pour se maintenir et progresser dans l'emploi, par rapport à l'école et à la réussite scolaire. Il faut y ajouter au moins un autre élément de disqualification qui n'affecte pas spécifiquement les jeunes, mais dont les jeunes sont également victimes : l'assimilation de l'appartenance ethno-raciale à l'islamisme, avec toutes les qualifications négatives que ce terme a prises dans le contexte actuel.

Depuis quelques années on assiste à la prolifération de discours sur la « poussée islamiste » et les dangers qu'elle représente pour l'unité de la République et l'universalité de ses valeurs. L'islamisme serait la forme extrême du communautarisme, c'est-à-dire la négation des principes de la souveraineté des individus et de l'égalité des citoyens devant la loi sur lesquels s'est bâtie la nation française. Les banlieues en particulier seraient en train de passer sous le contrôle de l'islamisme radical et leur révolte serait l'expression d'un extrémisme religieux qui remet en cause la pluralité des croyances et s'attaque aux institutions incarnant la culture laïque et le droit des personnes, en particulier des femmes. Ces propos sont tenus à la fois par l'extrême droite et par des idéologues que l'on peut qualifier d'« intégristes de la République » car leur intransigeance est égale à celle qu'ils dénoncent chez les intégristes islamistes[1]. Avant

1. Voir François Gèze, « Les intégristes de la République et les émeutes de novembre », *Mouvements*, n° 44, mars-avril 2006. L'interview d'Alain Finkielkraut paru dans le quotidien israélien *Haaretz* parlant de « pogrom anti-républicain » donne un échantillon de cette posture. Voir, pour la critique de ces attitudes, Thomas Delthombe, *L'Islam imaginaire, la construction médiatique de l'islamophobie en France, 1975-2005*, Paris, La Découverte, 2005. L'assimilation des événements de novembre 2005 à une révolte de l'islamisme contre les valeurs républicaines a été particulièrement instrumentalisée dans de nombreux médias étrangers, trop heureux de cette occasion de dénoncer le modèle français d'intégration (cf. Olivier Roy, « Intifada des banlieues ou émeutes de jeunes déclassés ? », *Esprit*, décembre 2005).

novembre 2005, de pseudo-experts diagnostiquaient déjà une « Intifada des banlieues » inspirée par le fanatisme religieux, pour rendre compte des turbulences des quartiers sensibles[1]. Après les événements, les condamnations ont parfois frôlé l'hystérie[2].

Il est pourtant avéré, et d'ailleurs confirmé par les Renseignements généraux, que la référence religieuse n'a joué aucun rôle dans le déclenchement et le déroulement des événements de l'automne 2005. Il n'y a pas eu de slogans islamistes ou antisémites, le drapeau palestinien n'a jamais été brandi, et les responsables religieux, lorsqu'ils sont intervenus, ont exercé une influence modératrice. La dénonciation d'une marée islamique submergeant la banlieue est une construction idéologico-médiatique qui a peu de rapports avec la réalité. Il faut insister sur la gravité de cette assimilation d'une appartenance ethnique à une religion, soupçonnée de surcroît d'être en guerre contre notre type de civilisation. Elle est contradictoire avec le principe de la laïcité, qui laisse chacun libre de choisir et de pratiquer sa religion. Pourquoi la religion musulmane serait-elle soupçonnée *a priori* de porter une charge politique incompatible avec l'exigence d'évoluer elle aussi vers la modernité, comme l'a finalement fait le catholicisme avec beaucoup de réticence et de retard ? Pourquoi assimiler d'emblée le fait d'être inscrit dans une

---

1. Voir Luc Randolph, Christophe Soulez, *Insécurité, la vérité*, Paris, J.-C. Lattès, 2002.

2. On trouvera dans R. Draï, J.-F. Mattéi, *op. cit.*, une palette significative de ces interprétations mêlant dans des proportions variables la défense de la République et la stigmatisation de la barbarie islamiste. Je ne résiste pas au plaisir de citer la contribution de Mezzi Haddad, « Violence anomique et violence atavique ». Les événements de l'automne 2005 doivent se lire, selon lui, « comme un mouvement de foule caractérisé par une régression au stade primitif, ne connaissant ni interdit, ni foi, ni loi, galvanisé par le double sentiment de la haine et de l'impunité, agissant sous l'emprise d'un fanatisme quelconque et considérant l'action d'incendier et de détruire comme une fin en soi » (p. 42). Tel est le poids « atavique » de l'héritage arabo-islamique pour ce philosophe. Mais on peut se demander de quel côté est la haine. On peut aussi mentionner, dans le même registre, l'ouvrage de Charles Pellegrini, il est vrai ancien chef de l'Office central de répression du banditisme, *Banlieues en flammes*, Paris, Éditions Anne Carrière, 2006, qui parle de « totalitarisme vert » (c'est-à-dire islamiste) et de « barbarie nihiliste ».

tradition ethnique d'obédience musulmane (les pays du Maghreb et certaines régions de l'Afrique sub-saharienne) avec l'islamisme entendu comme un mouvement politico-religieux incompatible avec les valeurs de la civilisation occidentale en général et de la République française en particulier ? Ces amalgames entretenus par l'islamophobie ambiante empêchent d'aborder avec objectivité les problèmes complexes que pose la présence de la religion et de la culture musulmanes dans la société française.

On observe bien actuellement en France, et particulièrement dans les banlieues, une certaine diffusion de la religion musulmane. Toutefois, elle prend des formes diverses qui interdisent de l'assimiler à une « poussée islamiste ». Les exemples de conversion à un islamisme radical susceptible de déboucher sur le terrorisme sont exceptionnels[1] alors que la minorité musulmane en France compte quelque 4 millions de personnes. Dans les cités, la référence à l'islam et la participation au culte musulman peuvent être l'occasion de cultiver des affinités, de bénéficier de protections et de réassurances, de pratiquer des formes d'entraide et de tisser des liens communautaires, sans que l'on puisse pour autant parler de « communautarisme » au sens de la constitution de *Gemeinschaft* en rupture avec la société. Elle est alors revendiquée comme un support moral et est tout à fait compatible avec les modes de vie en France[2]. Souvent aussi la fidélité ou le retour à la religion des parents traduit un repli sur

---

1. C'est le cas de Khaled Kelkal, issu de la périphérie lyonnaise, impliqué dans des attentats terroristes et abattu par la police en octobre 1995, et de Zaccarias Massaoui qui s'est accusé d'être impliqué dans les attentats du 11 septembre 2001 aux États-Unis.

2. Voir Gilles Kepel, *Les Banlieues de l'Islam. Naissance d'une religion en France*, Paris, Le Seuil, 1987 ; et F. Khosrokhavar, *L'Islam des jeunes*, Paris, Flammarion, 1997. Voir également Smaïn Laacher, « L'Islam des nouveaux musulmans en terre d'immigration », *Mouvements*, n° 38, mars-avril 2005, qui montre à quel point la référence à la religion musulmane est profondément reconfigurée en situation d'immigration. Voir aussi le dossier « Les musulmans dans la modernité », *Mouvements*, n° 36, nov.-déc. 2004.

l'espace privé, mélange de familialisme et de recherche de respectabilité prenant appui sur des valeurs traditionnelles. Cette attitude paraît se développer lorsque d'autres formes d'appartenance collective comme l'inscription dans une communauté de travail ou dans une organisation politique font défaut[1]. Cette forme moderne de « retour du religieux » n'est d'ailleurs pas propre à la religion musulmane. Elle n'a rien de subversif et exprimerait plutôt, à travers la valorisation de l'espace privé et familial, une évolution de type « petit-bourgeois »[2].

Des analyses beaucoup plus approfondies seraient nécessaires pour rendre compte de ces configurations complexes. Toutefois il est certain que cette complexité même dément la représentation monolithique d'une « poussée islamiste » qui emporterait tout sur son passage et transformerait les banlieues en territoires islamiques. Disons-le pourtant avec prudence. Aujourd'hui, les dénonciations de « l'islamisme » représentent une construction partisane qui, si elle a l'audience des médias et bénéficie de la complicité de quelques intellectuels eux-mêmes très médiatiques qui s'arrogent le droit de parler au nom de la France, n'entretient que de lointains rapports avec la réalité des banlieues. Il n'est pas certain pour autant qu'il en soit toujours ainsi. Actuellement les banlieues ne sont pas encore des territoires ethniques mais elles s'ethnicisent de plus en plus. Car, on l'a vu et on y reviendra plus longuement dans le dernier chapitre, la propension à traiter comme des problèmes ethniques, par la

---

1. Voir Olivier Masclet, *La Gauche et les pauvres, enquête sur un rendez-vous manqué*, Paris, La Dispute, 2003. À l'inverse, Gérard Noiriel montre que des immigrés de générations antérieures, en particulier d'origine italienne, ont « choisi » les solidarités syndicales et politiques marquant l'appartenance à la classe ouvrière contre les valeurs religieuses associées pour eux à la droite, aux patrons et à la « bourgeoisie » (G. Noiriel, *op. cit.*).

2. Les juifs aussi peuvent restructurer leur religiosité en fonction de leur accession aux classes moyennes, voir Emmanuelle Saada, « Les territoires de l'identité. Être juif à Arbreville », *Genèse*, n° 11, mars 1993.

discrimination négative, les problèmes sociaux lorsqu'ils sont portés par des minorités ethniques est très répandue. D'où la tentation pour ces populations stigmatisées de retourner le stigmate, de s'affirmer arabes ou noires, à défaut de pouvoir être reconnues comme membres à part entière de la nation française, tentation qui illustre bien les apories du « droit à la différence » et les ambiguïtés des discours sur l'altérité. L'appel des « indigènes de la République » lancé en janvier 2005 exprime cette attitude dont le radicalisme relève d'abord d'une forme de déception[1]. Elle pourrait se développer à la mesure de la persistance des pratiques de discrimination négative, et alors les banlieues pourraient de plus en plus ressembler à des enclaves ethniques, ce qu'elles ne sont pas encore aujourd'hui.

C'est pourquoi il faut dénoncer les mauvaises analyses de la situation actuelle qui stigmatisent l'appartenance ethno-raciale, car elles pourraient devenir des prophéties auto-réalisatrices. Il faut en particulier refuser l'assimilation systématique d'une appartenance ethnique à une religion, à la fois parce qu'elle est fausse et parce qu'elle est injuste. Elle fait peser sur l'ensemble des membres de ces collectivités (qui peuvent être des incroyants, ou des adeptes de manières diverses de vivre leur foi) le soupçon d'appartenir à une mouvance, l'islamisme, ce qui sonne aujourd'hui comme une condamnation. Cette stigmatisation par le détour de la religion s'ajoute ainsi aux autres formes de discrimination négative que subissent les membres des minorités ethniques. Elle alourdit le contentieux attaché à leur particularité ethno-raciale, et exprime un déni de leur reconnaissance comme sujets de droit.

---

1. Voir le texte de cet appel « pour des Assises de l'anticolonialisme postcolonial » en annexe à Sadri Khiari, *Pour une politique de la racaille*, Paris, Textuel, 2006. Voir également *infra*, Annexe 1.

CHAPITRE IV

De la marge au centre

Les violences urbaines qui ont connu une sorte d'apogée à l'automne 2005 ont mis au premier plan un profil d'acteurs que l'on ne peut se contenter de qualifier d'exclus ou de marginaux. Ils ne sont pas nécessairement plus démunis de ressources que ceux qui ne se sont pas révoltés (d'autant plus que l'on pourrait répertorier, dans la « France profonde », de nombreuses zones qui, en termes de pauvreté, de rapport à l'emploi ou au logement, d'accès à l'aide publique, ne sont pas mieux loties que beaucoup de quartiers sensibles). Pour comprendre leur comportement, il faut faire intervenir une variable supplémentaire qui est un rapport déçu à la citoyenneté. En plus de se trouver dans une situation sociale souvent désastreuse, les émeutiers voulaient aussi régler des comptes avec la société française accusée d'avoir failli à ses promesses. C'est ainsi que l'on peut trouver une signification politique à ces événements, même s'ils n'ont revêtu aucune des formes classiques du répertoire politique.

Cependant ces jeunes ne souffrent pas seulement d'un déficit de légitimité politique ou de ressources sociales. À partir de la disqualification dont ils sont l'objet, ils deviennent des réceptacles privilégiés pour cristalliser des craintes qui traversent l'ensemble de la société. Ainsi cette position située aux marges du corps social et la compréhension des dynamiques qui y poussent peuvent en dire long sur ce qui se joue au cœur de notre formation sociale. Il faut essayer de dégager cette dynamique qui cristallise sur les marges les fêlures du centre, constituant en responsables des dysfonctionnements sociaux ceux-là mêmes qui en sont les premières victimes.

Illégitimité politique et invalidation sociale

Peut-on devenir délinquant au nom du droit ? En un sens oui, s'il est vrai que l'on peut adopter des conduites destructrices à partir d'une déception devant un déni de droit ou d'une revendication pour le respect de ses droits. Telle paraît avoir été au moins une des motivations de ces jeunes émeutiers. Au regard des principes de l'égalité devant la loi, de l'égalité des chances, de l'égalité devant l'accès à l'emploi, les discriminations sur des bases ethno-raciales font tache. Se voir, par exemple, refuser un emploi à cause de la couleur de sa peau ou de la consonance de son nom peut être vécu non seulement comme le malheur de rester chômeur, mais aussi comme une injustice et comme une offense à la dignité que tout homme est en droit de revendiquer dans une société où le respect de l'individu est érigé en valeur suprême. « On demande le respect » est d'ailleurs une exigence qui a été maintes fois proférée dans les banlieues. Le collectif « Banlieues-respects », regroupant une vingtaine d'associations issues des quartiers populaires et qui s'est fait le principal porte-parole des émeutiers, déclarait au lendemain des émeutes : « La violence exprime les frustrations de trente ans de déni de reconnaissance des populations vivant dans ces quartiers »[1].

C'est en ce sens que l'on peut prêter une signification politique à ces violences. Certes, les émeutiers n'ont pas formulé de

1. Voir Michel Kokoreff, « Les émeutiers de l'injustice », *Mouvements*, n° 44, mars-avril 2006.

revendications directement politiques. Ils appartiennent à des milieux qui n'ont jamais vraiment eu accès aux canaux légitimes de la représentation, même dans les municipalités de gauche et dans des partis dont la vocation aurait dû être d'accueillir et de former des jeunes qui constituent aujourd'hui une part importante des nouvelles classes populaires[1]. Cependant tout au long de l'histoire, les révoltes populaires n'ont pas attendu de disposer de ce type de légitimité pour porter des aspirations hautement politiques, qui d'ailleurs ont souvent entraîné des changements dans les institutions publiques. La violence collective est le mode d'expression politique des groupes privés de reconnaissance politique. À défaut de la possibilité de se faire représenter par le vote ou la délégation de pouvoir à travers des institutions légitimes, on peut être contraint d'user de « paroles de pierre »[2]. Abdelmalek Sayad, sans doute l'analyste le plus fin de la condition immigrée et qui était le contraire d'un extrémiste, parlait déjà en 1985 (c'était pourtant juste après la Marche des beurs pour l'égalité et contre le racisme de 1983 et d'un certain nombre de mouvements qui pouvaient laisser espérer une reconnaissance des jeunes issus de l'immigration comme des citoyens à part entière) de la « violence la plus violente » à laquelle « une jeunesse interdite de parole » serait renvoyée si aucune issue politique ne lui était offerte[3].

Lors des émeutes de 2005, il n'y eut aucune médiation politique face à la violence de ces jeunes. La seule question posée fut celle du maintien de l'ordre. Même les organisations d'extrême gauche restèrent, elles aussi, totalement absentes. Face

---

1. Voir O. Masclet, *op. cit.*

2. Denis Merklen, « Paroles de pierre, images de feu », *Mouvements*, n° 43, janvier 2006.

3. Abdelmalek Sayad, « Exister, c'est exister politiquement. Pour une défense des droits civiques des immigrés », *Presse et immigrés en France*, CIGM 135, Paris, novembre 1985.

à ce vide, on peut peut-être parler de « proto-politique » pour qualifier des actions qui surgissent sous la forme de la violence pure et ont l'apparence de passages à l'acte sans lendemain[1]. Mais c'est sans doute s'exprimer d'une manière trop restrictive, car on suppose alors que seuls des modes d'action dûment répertoriés et légitimés méritent d'être qualifiés de politiques. Il faudrait au moins ajouter qu'il est des pratiques qui dans leur forme semblent très en deçà du registre de la revendication collective, tout en portant une signification clairement politique car elles imposent dans l'espace public un problème crucial et portent au jour des injustices profondes. De ce point de vue, des actions apparemment insensées, comme brûler des voitures, peuvent délivrer un message qui appelle l'attention publique et mobilise la Cité. Comme le dit Lee Rainwater à propos des violentes émeutes des années 1960 dans les ghettos noirs américains : « Plus grand est le dommage en termes de coûts financiers des pillages et des incendies, et plus les choses ont été clarifiées »[2].

Qu'est-ce qui a été « clarifié » à travers les événements de novembre 2005 ? Ils nous aident à prendre conscience de la place que tient encore dans notre société la discrimination sur une base ethno-raciale, et de son importance essentielle dans l'économie actuelle des rapports sociaux. En dépit de l'attachement affiché au modèle de l'égalité de traitement de tous les citoyens, certains groupes sociaux sont discriminés en France sans susciter de réponses à la hauteur du problème. L'article 2 de la Constitution stipule que « La République assure l'égalité devant la loi de tous

1. Voir Didier Lapeyronnie, « Les émeutes urbaines en France, en Grande-Bretagne et aux États-Unis », *Regard sur l'actualité*, n° 319, Paris, La Documentation française, mars 2006.

2. Lee Rainwater, « Open Letter on White Justice and the Riots », *in* Peter Rossi (dir.), *Ghetto Revolts*, Transaction Books, 1970, cité par D. Lapeyronnie, art. cité, p. 9.

les citoyens sans distinction d'origine, de race ou de religion ». Le mot race est prononcé dans la Constitution, mais il est proscrit dans les différentes formes de recensements statistiques qui permettraient de qualifier sous ce rapport les populations qui vivent en France. Sous le motif respectable de ne pas renforcer la stigmatisation, on se prive ainsi de l'appareillage technique qui serait nécessaire pour la mesurer et la combattre. On peut voir là un signe de la gêne du modèle républicain à reconnaître, en les rendant d'abord visibles et mesurables pour mieux les combattre, les pratiques qui contreviennent à ses principes[1]. Cet évitement trahit sans doute un malaise à l'égard du passé de l'immigration, car ces « minorités visibles » portent le poids d'une histoire marquée par la colonisation, et il faudra revenir sur cette question du rapport à l'histoire, qui pourrait être celle d'un déni de mémoire (voir *infra*, chapitre V). Mais le traitement discriminatoire de ces populations n'est pas seulement un effet du passé, il sert aussi à configurer les problèmes du présent. Les facteurs ethno-raciaux sont intégrés dans le paysage social et politique contemporain pour construire des explications et justifier des réponses à des questions qui taraudent la société tout entière. Rien ne l'illustre mieux sans doute que la place occupée aujourd'hui par ces groupes rejetés sur une base ethnique dans la problématique de l'insécurité qui est devenue un enjeu majeur dans le débat politique en France.

La généralisation du sentiment d'insécurité se situe à la conjonction de deux séries de facteurs : une montée de l'insécurité sociale, due à la dégradation des conditions d'existence, ou à la crainte d'une telle dégradation, dans de larges secteurs de l'opinion (insécurité sociale) ; un accroissement du nombre des atteintes à

1. Sur ces points, voir Khalid Hamdani, « Visibles pour les discriminations, invisibles pour les statistiques », et Antoine Garapon, « Diversité ethnique : le mot et la chose. Pour une révolution réaliste », *Esprit*, décembre 2005.

l'intégrité des biens et des personnes (insécurité civile). Le sentiment d'insécurité se nourrit à ces deux sources[1]. Cependant, en même temps que les préoccupations sécuritaires se répandent largement dans la société, la charge affective qu'elles portent s'est cristallisée d'une manière privilégiée sur le territoire des banlieues et sur les populations qui les peuplent, spécialement « les jeunes de banlieue ». Comment un groupe de quelques centaines de milliers de personnes a-t-il pu devenir le support prioritaire de menaces diffuses dans l'ensemble de la société ?

Il est vrai que la question de l'insécurité se pose d'une manière particulièrement aiguë en banlieue, sous la double forme de l'insécurité sociale et de l'insécurité civile. Sous la forme de l'insécurité sociale parce que, comme on l'a rappelé, les différents facteurs d'insécurisation qui résultent de la dégradation de la condition salariale s'y retrouvent amplifiés. « La galère » peut être vue comme la réactualisation contemporaine de ce qu'était autrefois pour le peuple le fait de « vivre au jour la journée », soumis à tous les aléas de l'existence. Il est vrai aussi que l'insécurité civile, entendue comme le risque d'atteintes à l'intégrité des biens et des personnes, est plus élevée dans les « quartiers sensibles » que dans la plupart des autres territoires. En dépit des réserves que l'on peut toujours formuler sur l'usage des statistiques dans ce domaine, on doit convenir qu'en règle générale les taux de délinquance sont plus élevés en banlieue qu'ailleurs, et aussi qu'ils ont tendance à s'aggraver, surtout depuis le milieu des années 1980[2]. Ainsi

1. J'ai tenté d'expliciter cette distinction entre deux types d'insécurités car elle me paraît essentielle pour rendre compte de l'inflation actuelle du souci sécuritaire à partir des confusions que l'amalgame entre ces deux sortes d'insécurité entretient. Voir Robert Castel, *L'Insécurité sociale, Qu'est-ce qu'être protégé ?*, Paris, La République des Idées/Seuil, 2003.

2. Si, globalement, les taux de délinquance s'accroissent régulièrement depuis le milieu des années 1980, il faut préciser que la proportion des délits contre les biens

ces deux types s'insécurité conjuguent leurs effets et font que dans « les quartiers sensibles » la vie quotidienne est particulièrement difficile, d'autant que ce sont ceux qui vivent dans l'insécurité sociale qui sont aussi le plus souvent victimes de l'insécurité civile : il est bien connu que les pauvres s'attaquent préférentiellement aux pauvres parce qu'ils sont à portée. Ce sont de ce fait les populations les plus vulnérables, assignées à résidence dans ces quartiers, qui vivent au quotidien le risque de l'agression, du vol, de l'incivilité[1]. Raison de plus pour refuser l'angélisme et affirmer que la lutte contre la délinquance est une exigence impérative, en banlieue comme ailleurs, et que c'est une prérogative fondamentale de l'État de droit d'assurer partout la paix civile. On ne peut pas « faire société » avec ses semblables si on vit sous la menace permanente de la violence.

Il faut cependant s'interroger sur la manière dont sont mises en œuvre ces exigences dans le cadre des politiques sécuritaires actuelles et sur la place attribuée aux minorités ethniques pour l'instrumentalisation de ces politiques. Ce qui est en question, ce n'est ni la nécessité de lutter contre la délinquance, ni le fait que les minorités ethniques aient leur part de responsabilité

(vols) a diminué. La progression s'est donc faite sur les délits contre les personnes, mais surtout sur les délits contre les institutions et les autorités : dégradations et destructions, violences et outrages. Voir Francis Baulleau, « Consommation de masse ou prédation de masse. La délinquance des mineurs en France, 1972-2002 », *in* R. Levy, L. Mucchielli, R. Zauberman (dir.), *Crimes et insécurité, un demi-siècle de bouleversements*, Paris, L'Harmattan, 2007. Ces séries statistiques s'arrêtent en 2002 et ne prennent donc pas en compte les événements récents. Mais on doit souligner que lorsque l'on parle de l'augmentation de la délinquance, ce n'est pas d'une délinquance d'appropriation (vols) qu'il s'agit et que la progression de la violence est largement celle d'une violence exercée contre les institutions et ses agents, catégorie dans laquelle se rangent les violences de novembre 2005. C'est dans une certaine mesure une violence gratuite, qui cherche à produire un effet symbolique plutôt qu'à poursuivre un intérêt matériel.

1. Voir Didier Peyrat, *Éloge de la sécurité*, Paris, Gallimard/Le Monde, 2005.

dans sa production. C'est le fait de fixer sur elles l'essentiel de la problématique de l'insécurité, de sorte que l'éradication de la dangerosité qu'elles portent vaudrait à la limite pour une victoire sur l'insécurité en général.

De l'utilité des classes dangereuses

On fait l'hypothèse que la cristallisation de la question de l'insécurité sur les banlieues signe un retour à la vieille thématique des classes dangereuses, qui consiste à fixer sur certains groupes ce que la société dans son ensemble porte de menaces. L'histoire propose plusieurs exemples de cette dynamique de déplacement de la conflictualité sociale vers les marges. Ainsi dans les sociétés pré-industrielles, les vagabonds ont incarné cette figure d'asocialité concentrant sur leur personne l'aporie fondamentale de sociétés incapables de donner un statut à la mobilité. « Les vagabonds sont pour la campagne le fléau le plus terrible. Ce sont des insectes voraces qui l'infectent et qui la désolent et qui dévorent journellement la subsistance des cultivateurs. Ce sont, pour parler sans figure, des troupes ennemies répandues sur la surface du territoire et qui y vivent à discrétion comme dans un pays conquis et y lèvent de véritables contributions sous le titre de l'aumône » [1].

Ce témoignage de l'époque des Lumières, parmi des centaines d'autres possibles qui s'étaleraient sur plus de quatre cents ans, du milieu du XIVe siècle à la fin de l'Ancien Régime, stigmatise ces ennemis de l'intérieur que sont les vagabonds et auxquels a été réservé un traitement impitoyable. Pourtant, si l'on essaie après coup de reconstruire leur profil sociologique, neuf fois sur

1. J.-F. Le Trosne, *Mémoire sur les vagabonds et les mendiants*, Soissons, 1764.

dix ces « insectes voraces » sont en fait de pauvres hères à la recherche d'un travail improbable, comme le cadet d'une famille trop nombreuse quittant la petite ferme qui ne peut plus le nourrir, ou le journalier ne trouvant plus à s'employer dans son « pays » et qui prend la route pour tenter sa chance ailleurs, avant de se faire arrêter comme vagabond par la maréchaussée ou par les « chasse-gueux » qui représentent alors la police des villes[1]. En fait le destin tragique du vagabond est la conséquence de l'organisation du travail dans ces sociétés largement entravées par le système des corporations et incapables de laisser se déployer un salariat libre.

La criminalisation des vagabonds opère ainsi un déplacement de cette question sociale fondamentale que pose à la société préindustrielle l'existence d'une masse de « travailleurs sans travail » et qui ne pouvait pas en trouver dans le régime dominant de l'organisation du travail. Leur répression a constitué une réponse que tous les pouvoirs politiques nationaux ou municipaux ont poursuivie avec détermination, à défaut de pouvoir promouvoir dans ces cadres sociaux et politiques l'autre réponse qui aurait été la libéralisation du marché du travail[2]. En 1764 encore, une grande ordonnance royale, « dernière expression

---

1. J'ai tenté cette évaluation, évidemment approximative, à partir de témoignages d'époque et du profil de vagabonds enfermés dans certains dépôts de mendicité comme celui de Soissons en 1786. Voir R. Castel, *Les Métamorphoses de la question sociale. Une chronique du salariat* [1995], Paris, Gallimard, « Folio », 1999, chap. II.

2. Turgot avait parfaitement perçu l'enjeu de la question, mais l'échec de sa tentative pour abolir les corporations illustre l'impossibilité de réformer profondément le marché du travail sous l'Ancien Régime. Il faudra une révolution pour y parvenir. À l'époque révolutionnaire, les travaux du Comité pour l'extinction de la mendicité de l'Assemblée Constituante qui inspirent la loi Le Chapelier posent explicitement l'exigence de la libéralisation du marché du travail comme la solution à la question sociale du vagabondage, qui doit mettre fin à cette construction du vagabond comme représentant d'une classe dangereuse, avant qu'elle ne se déplace sur le prolétariat au début du XIXe siècle.

solennelle des idées de l'ancienne monarchie », comme le dit Camille Bloch, réitère et radicalise l'ensemble des mesures séculaires prises pour tenter d'éradiquer le vagabondage [1]. Vingt-cinq ans avant la Révolution, les vagabonds demeurent la cible quasi exclusive des politiques publiques qui sont censées traiter la question sociale majeure posée par l'impossibilité d'accéder au travail [2].

Ce processus de fixation de la conflictualité sociale sur une classe dangereuse se retrouve à travers le traitement réservé au prolétariat des débuts de l'industrialisation. La libéralisation du marché du travail n'a pas suffi à assurer la paix sociale et c'est une partie des travailleurs eux-mêmes qui incarnent désormais l'insécurité à travers le développement du paupérisme, « menace à l'ordre politique et social » [3]. Le prolétaire occupe une position moins extérieure que le vagabond par rapport à la structure sociale, et il constitue même le fer de lance de la dynamique d'industrialisation qui se déploie au début du

---

1. Camille Bloch, *L'Assistance et l'État en France à la veille de la Révolution*, éd. de Genève, 1974, p. 160. Texte de l'Ordonnance royale de 1764, *in* Jourdan, Decouzy, Isambert, *Recueil des anciennes lois de la France*, Paris, 1928, t. XXII, p. 74.

2. Que cette masse considérable d'ordonnances répressives édictées par les pouvoirs publics pour combattre le vagabondage et la mendicité valide ait apparemment échoué, comme le montre le fait qu'elles doivent être régulièrement réitérées et renforcées à partir du constat que le nombre des vagabonds ne cesse de croître, ne doit pas conduire à conclure que ces mesures ont été inutiles. D'une part, elles ont pu neutraliser la frange la plus turbulente ou la plus malchanceuse de ces non-travailleurs en les condamnant au travail forcé (galère, maisons de force, dépôts de mendicité, déportation aux colonies…). D'autre part, cette « législation sanguinaire » pour reprendre la qualification de Marx au sujet des lois anglaises en la matière (*Le Capital*, Éd. de la Pléiade, Livre I, 8e section, chap. XVIII, p. 1192) a pu avoir une fonction préventive en dissuadant un grand nombre de misérables d'emprunter les voies si dangereuses du vagabondage à la recherche d'un travail. Il s'agissait aussi, dans cette structure sociale, de fixer les gens dans la position qu'ils occupaient.

3. Jean Paul Alban de Villeneuve-Bargemont, *Économie politique chrétienne ou Recherches sur les causes du paupérisme*, Paris, 1834.

XIXe siècle. Il n'en est pas moins, lui aussi, repoussé aux confins de la société, « campant dans la société occidentale sans y être casé », comme le dira Auguste Comte[1]. C'est le plus souvent un immigré de l'intérieur, déraciné de ses attaches paysannes, important à proximité des villes des éléments désaffiliés de cette culture rurale qui est une inculture aux yeux des citadins et des bourgeois. Misérable et soumis à des conditions de vie effroyables, « il inspire plus de dégoût que de pitié »[2]. Il inspire aussi la peur. « Classes laborieuses, classes dangereuses » pour reprendre la thèse centrale de l'ouvrage de Louis Chevalier sur le Paris populaire du milieu du XIXe siècle[3]. Lors de la révolte des canuts lyonnais en 1831 le *Journal des débats* s'exprime ainsi : « La sédition de Lyon est une espèce d'insurrection de Saint-Domingue (...). Les Barbares qui menacent la société ne sont point au Caucase, ni dans les steppes de Barbarie. Ils sont dans les faubourgs de nos villes manufacturières »[4].

Il y a bien eu au XIXe siècle, au sein des classes dirigeantes et de la bourgeoisie bien-pensante, un véritable racisme anti-ouvrier qui fixait sur la condition prolétarienne l'image effrayante de l'asocialité au sein même de la société. Selon cette représentation, les prolétaires sont d'inquiétants étrangers. Situation profondément paradoxale qui les place, à la fois dans et au-dehors de la nation : alors qu'ils sont économiquement parlant une force de travail intégrée à l'appareil de production, leurs mœurs et leurs comportements les épinglent, à l'instar des vagabonds auparavant, comme une « tourbe de nomades »[5] qui

---

1. Auguste Comte, *Système de politique positive*, Paris, éd. de 1929, p. 411.

2. Eugène Buret, *De la misère des classes laborieuses en France et en Angleterre*, Paris, 1840.

3. Louis Chevalier, *Classes laborieuses et classes dangereuses à Paris pendant la première moitié du XIXe siècle*, Paris, 2e éd. Hachette, 1984.

4. Saint-Marc Gerardin, *Le Journal des débats*, 8 décembre 1831.

5. L'expression est du baron Haussmann, cité dans L. Chevalier, *op. cit.*, p. 460.

rôdent à la périphérie de l'ordre social en attendant de perpétrer un mauvais coup[1].

Il découle de cette stigmatisation du prolétaire que ce qui tient lieu de politique sociale à son égard, c'est, outre la répression de sa dangerosité, au besoin par l'armée comme en juin 1848, une stratégie de moralisation qui prend de multiples formes. « Il faut moraliser la classe ouvrière, c'est la partie gangrenée de la société »[2]. Patronage de la « classe éclairée » sur « celle à laquelle manquent les lumières », des « gens de bien » sur « ceux dont la moralité est imparfaite »[3] : la philanthropie est une véritable politique qu'il est de la responsabilité des notables, des religieux et des patrons d'assumer, et elle n'a pas à s'embarrasser des causes structurelles qui peuvent rendre compte des malheurs du peuple. Il faut et il suffit d'imposer une morale à tous ceux qui vivent dans l'enfer du paupérisme. « La restauration des classes inférieures, des classes ouvrières, est le grand pro-

1. Alphonse de Lamartine, dans un discours prononcé le 14 décembre 1844 à la Chambre des députés pour défendre le droit au travail, rend compte de ce paradoxe d'une manière dont le lyrisme de l'expression ne doit pas dissimuler l'intuition sociologique profonde qu'il recouvre. Il décrit « les armées d'ouvriers dont le travail, immense comme les capitaux qui l'emploient, chanceux comme la spéculation qui le commande, mobile comme la mode qui le consomme, n'a pas la condition de fixité des économies domestiques. [...] Peuple sorti du peuple, nation dans la nation, race dépaysée qui a pour unique capital ses bras, pour terre un métier, pour foyer un toit emprunté, pour patrie un atelier, pour vie un salaire. C'est une caste flottante dont les cadres sont brisés, qui ne sait faire qu'une seule chose et qui, lorsque son métier tout spécial et ses vivres viennent à manquer, se répand, s'extravase dans la nation, sous forme de coalitions, d'émeutes, de vagabondage, de vices, de lèpre, de misère. C'est là ce que l'on appelle proprement les prolétaires, race destinée à peupler le sol, espèce d'esclaves de l'industrie qui servent sous le plus rude des maîtres, la faim. » (*La France parlementaire, Œuvres oratoires et écrits politiques*, t. IV, p. 109).

2. Abbé Meysonnier, aumônier des « couvents de soyeux » lyonnais dans lesquels des religieuses encadrent des jeunes filles pauvres sous un régime impitoyable de travail (cité par Louis Reybaud, *Études sur le régime des manufactures*, Paris, 1955, p. 276).

3. Baron de Gerando, *Le Visiteur du pauvre*, Paris, 1820, p. 9.

blème de notre âge »[1]. Quant à ceux qui sont allergiques aux remèdes moraux, ils relèvent de la répression policière ou militaire.

Pour les prolétaires comme pour les vagabonds, leur stigmatisation morale, qui à la limite débouche sur leur criminalisation, déplace sur ces populations qualifiées d'asociales l'ensemble de la question sociale et de la manière de la traiter. Réprimer efficacement les vagabonds, moraliser les prolétaires ou, s'ils restent réfractaires, les contraindre à se tenir tranquilles, permettrait de restaurer la paix civile et l'harmonie sociale, sans avoir à toucher aux déséquilibres structurels qui font qu'il y a des « travailleurs sans travail », ou des travailleurs soumis à des conditions telles qu'elles les dégradent au lieu d'assurer leur indépendance économique et sociale.

Le retournement du stigmate

Je ne pense pas avoir cédé au plaisir de faire des détours historiques, car c'est bien d'essayer de dégager un schème de compréhension de la situation contemporaine qu'il s'agit. Si ce mode d'interprétation peut s'appliquer (dans une mesure à discuter, évidemment) à des populations aussi différentes que celle des vagabonds des sociétés préindustrielles et celle des prolétaires des débuts de l'industrialisation, on peut tenter de le faire jouer pour rendre compte du traitement dont relèvent aujourd'hui les jeunes des banlieues. La menace porte ici aussi la marque de l'ailleurs, et elle pose également un problème qui est au cœur de notre société. « Insectes voraces », « tourbe de nomades » ou « nouveaux barbares » autrefois, « racaille », « caïds » ou « voyous » aujourd'hui ; référence à l'insurrection des esclaves de Saint-Domingue pour

1. Vicomte A. de Villeneuve-Bargemont, *op. cit.*, p. 231.

disqualifier les canuts révoltés en 1831 ou à l'« Intifada des banlieues » pour stigmatiser les violences urbaines récentes, il n'y a pas derrière ces insultes et ces images une stricte identité de situation, mais il pourrait y avoir une *homologie de positions*. Vagabonds, prolétaires et jeunes de banlieue ont eu ou ont en commun d'être fortement stigmatisés ; en commun aussi d'être placés, ou repoussés, aux confins d'un ordre social auquel ils ne sont pas intégrés ; en commun encore d'être traités sur un mode discriminatoire par rapport au régime normal qui commande aux échanges dans une société donnée, qu'elle soit préindustrielle, industrielle ou postindustrielle. Et il se pourrait enfin qu'ils aient aussi en commun de se voir imputer une responsabilité trop lourde pour leurs épaules lorsque l'on focalise sur eux l'essentiel d'une question qui les dépasse et dont ils sont davantage les victimes que les agents.

Mais c'est à cela aussi qu'ils servent dans l'économie des rapports sociaux. Les vagabonds ont porté – en même temps qu'ils l'occultaient – le dysfonctionnement fondamental de l'organisation du travail dans les sociétés préindustrielles qui entravait l'ouverture d'un marché du travail et le développement du salariat. Lorsque ce marché s'impose, la condition des prolétaires traduit les contradictions d'un capitalisme industriel, qui, en ne mettant dans un premier temps aucun frein à sa recherche absolue du profit, invalide socialement ceux-là mêmes qui sont les plus nécessaires à son développement. Les jeunes de banlieue se voient attribuer une responsabilité démesurée par rapport à un souci de sécurité qui s'exaspère dans la société française à la conjonction de la croissance simultanée de l'insécurité civile et de l'insécurité sociale. À chaque fois, la réponse à ces situations intenables consiste à mettre en œuvre des politiques ciblées sur ces groupes à partir d'une appréciation stigmatisante de leur condition, et à leur imposer des mesures à caractère prioritairement répressif. Il ne s'agit pas de nier qu'il y ait eu des vagabonds dangereux, que beaucoup de prolétaires aient été fort peu recommandables, ni qu'il existe aujourd'hui en nombre des jeunes de banlieue délinquants. Ce qui est en question, c'est ce mode de traitement de la question sociale qui prend la partie pour le tout et inverse l'ordre des effets et des causes pour constituer des boucs émissaires qui, s'ils ne sont pas tous innocents, ne sont pas pour autant responsables de tout.

S'agissant des jeunes de banlieue, on a souligné le traitement discriminatoire dont ils sont victimes, surtout s'ils appartiennent à des minorités ethniques. Mais cette stigmatisation sert aussi à construire une conception de l'insécurité et de la lutte contre l'insécurité qui met au premier plan ces jeunes en tant que responsables principaux de la progression du sentiment d'insécurité. D'où les discours et les pratiques pour imposer une « tolérance zéro » et partir à la reconquête des zones de non-droit livrées à l'insécurité. Cependant, même si on arrivait ainsi à éradiquer la délinquance, ce qui est plus que douteux, on n'aurait pas pour autant maîtrisé les facteurs qui aliment l'insécurité sociale. Sa remontée depuis vingt ans est liée à l'installation d'un chômage de masse, à la dégradation des conditions de travail et d'habitat, à l'affaiblissement des protections qui avaient été rattachées pour l'essentiel au statut de l'emploi stable, à la difficulté de faire vivre ensemble différents groupes qui ont principalement en commun le fait d'être en situation de déclin social et de partager le sentiment qu'ils n'ont plus d'avenir. Les jeunes de banlieue n'ont aucune responsabilité particulière dans cette dynamique. Ils sont plutôt, comme d'autres et plus encore que d'autres, des victimes de cette conjoncture. Dès lors, en faire les supports et les principaux agents de la propagation d'une insécurité qui nous menacerait tous, c'est opérer un déplacement de la question globale de l'insécurité en la réduisant à un problème de délinquance relevant en dernière analyse de mesures de police.

Ce déplacement peut présenter des avantages stratégiques à court terme. Par rapport à la question de l'insécurité, il rabat la responsabilité de l'État sur l'obligation d'assurer la paix civile. Rôle essentiel, puisque c'est un principe fondamental de l'État de droit, inscrit dans toutes les constitutions républicaines qui se sont succédé dans le prolongement de la Déclaration des Droits de l'homme et du citoyen, de garantir l'intégrité des personnes et de leurs biens. Ce principe fonde la légitimité de la répression de la délinquance, à condition toutefois qu'elle se fasse dans le respect des règles de l'État de droit. Cependant, si assurer la sécurité ne se réduit pas à garantir la sécurité civile, une autre fonction de l'État, tout aussi essentielle, est ainsi passée sous silence. C'est le rôle qu'a joué et que devrait continuer à jouer l'État social, en tant que garant des protections nécessaires pour assurer l'indépendance sociale des citoyens : leur citoyenneté sociale. Tout se passe comme si les responsables politiques faisaient aujourd'hui le choix de mobiliser l'essentiel des pouvoirs régaliens de l'État, la police et la justice, pour lutter contre l'insécurité civile, quitte à réactiver la vieille figure de l'État gendarme, tout en faisant l'impasse sur le rôle protecteur de l'État pour assurer les citoyens contre les risques sociaux. Il existe ainsi une tension, ou plutôt une contradiction, entre l'affirmation de l'autorité sans faille de l'État dans son rôle répressif, et un laxisme de l'État face aux facteurs qui alimentent l'insécurité sociale à partir de la dégradation de la condition sociale des catégories populaires qui ne peuvent pas faire face aux nouvelles règles du jeu de la concurrence et de la compétitivité.

Les politiques menées à l'égard des jeunes de banlieue illustrent cette ambiguïté. Ils sont les cibles privilégiées de la détermination de l'État à manifester une autorité sans faille contre les fauteurs de trouble. En même temps, ils sont oubliés lorsqu'il s'agit de prendre en compte l'ensemble des conditions nécessaires pour pouvoir se conduire et être reconnus comme des citoyens à part entière dans la société. Les discriminations qu'ils subissent sont la marque de ce déficit de citoyenneté. La lutte contre la délinquance risque de servir d'alibi au déni de reconnaissance dont ils font l'expérience si elle n'est pas associée à la lutte pour promouvoir davantage d'égalité et pour combattre les discriminations.

L'attention exclusivement portée à la délinquance de ces jeunes, en leur faisant jouer le rôle de classe dangereuse, renforce la stigmatisation dont ils sont déjà l'objet dans les différents secteurs de la vie sociale. La logique qui se met ainsi en place au nom de la défense de l'ordre républicain peut alors se retourner en logique de ghettoïsation, ces jeunes n'ayant plus d'autres ressources que de se renfermer sur eux-mêmes dans un entre-soi communautaire et de retourner le stigmate en revendiquant la dignité de la race contre les promesses fallacieuses de la démocratie.

CHAPITRE V

Citoyens ou indigènes ?

Même si l'on refuse la facilité qui consiste à poser d'emblée les banlieues comme des espaces séparés et peuplés d'exclus, force est de constater qu'une dynamique de séparation est en train de s'installer qui creuse progressivement la distance entre la part de la population marquée par son origine ethnique et le reste de la société française. Peut-être faut-il commencer maintenant à parler d'« exclus », mais à condition de comprendre qu'il s'agit d'*exclus de l'intérieur*. J'entends par là que l'exclusion qui les frappe est le produit de mécanismes d'occultation, de dénégation et de discrimination qui relèvent d'un usage pervers du modèle républicain. Un universalisme proclamé mais aveugle aux différences a conduit en fait à stigmatiser les différences ethniques et les a enkystées dans leur particularité, suscitant en retour la rage et la révolte de ceux qui se sont sentis piégés parce qu'ils continuent d'être marqués par une appartenance dont on leur renvoie une image infamante.

Les événements de l'automne 2005 et le problème des banlieues s'inscrivent ainsi dans le cadre d'une interrogation qui s'aiguise sans cesse depuis quelques années. Elle porte sur la présence, dans la société française, de formes de dominations héritées d'un passé colonial, qui oblitèrent le traitement des populations venues de régions autrefois placées sous l'hégémonie française. De sorte qu'un nombre croissant de représentants de ces minorités ethniques pensent que le moment est venu de poser frontalement la question : certains citoyens français seraient-ils traités comme des « indigènes de la République » ? Comment en est-on venu à reformuler la question de l'intégration des populations issues de l'immigration dans le cadre d'une problématique qui fait ouvertement référence à la race ? Et peut-on envisager une refonte du modèle républicain, ainsi qu'un élargissement de la conception de la citoyenneté, qui les rendent capables de constituer les principes unificateurs d'une société pluriethnique et pluriculturelle ?

La montée des périls

La société française et sa classe politique ont peut-être laissé passer une belle occasion au début des années 1980. Le septennat de Valéry Giscard d'Estaing avait été marqué par la décision de fermer les frontières à l'immigration de travail (dès 1974), de freiner l'immigration familiale et d'inciter les travailleurs immigrés à retourner dans leur pays d'origine (le « million des immigrés » ou « million Stoleru », du nom du ministre qui, en 1977, propose une prime de 10 000 francs pour chaque retour volontaire). La « loi Bonnet » de 1980 durcit les conditions de résidence des étrangers et les expulsions musclées se multiplient. Plusieurs milliers de personnes sont concernées, en particulier des jeunes auteurs de délits mineurs (ce que l'on appellera « la double peine »). Dans ce contexte, les tensions se durcissent avec la police et une partie de l'environnement populaire qui commence à rendre les immigrés responsables de la pénurie de travail (le seuil du million de chômeurs est franchi en 1976). Les bavures policières et les crimes racistes se succèdent. Dès avant « l'été chaud » de 1981, les affrontements avec la police se multiplient dans les banlieues, surtout lyonnaise, et de nombreux articles de presse décrivent déjà un univers sauvage ceinturé de blocs de béton grisâtres et peuplé de primitifs asociaux, d'origine maghrébine évidemment [1].

Cependant l'élection de François Mitterrand à la Présidence de la République le 10 mai 1981 est accueillie par des manifestations d'enthousiasme chez les jeunes militants qui espèrent un changement de cap [2]. Le programme présidentiel contenait la promesse de l'abolition des lois sur les expulsions et l'accès des immigrés aux élections locales. Nicole Questiaux, ministre de la Solidarité nationale du premier gouvernement de la gauche à direction socialiste, déclare dès le 17 juin 1981 : « C'est la solidarité avec tous, Français et immigrés, sans discrimination, la solidarité avec les peuples du tiers monde, qui guideront notre action » [3]. Ce gouvernement adopte un certain nombre de mesures qui vont dans le sens de l'amélioration de la condition des immigrés : assouplissement de la loi Bonnet sur les expulsions, régularisation massive d'immigrés illégaux, autorisation pour les immigrés de créer des associations sans autorisation préalable… Ces associations se multiplient, impliquant largement les jeunes issus de l'immigration. La gauche au pouvoir commence à mettre en place un certain nombre de « dispositifs » qui constituent des opérations de discrimination positive, même si on ne les nomme pas encore ainsi. Sans être exclusivement centrées sur les jeunes issus de l'immigration, elles les concernent au premier chef : missions locales pour l'emploi dans le

1. Pour une description précise de ce contexte, voir C. Bachman, N. Le Guennec, *op. cit.*, particulièrement le chapitre 37, « Aux racines des violences banlieusardes ».

2. Voir Adil Jazouli, *L'action collective des jeunes Maghrébins en France*, Paris, L'Harmattan, 1986.

3. Cité par Patrick Weil, *La France et ses étrangers* [1991], Paris, Gallimard, Folio, 2004, p. 194.

prolongement du rapport de Bertrand Schwartz sur *L'insertion professionnelle des jeunes* (1981), Zones d'éducation prioritaire (ZEP, 1981), Développement social des quartiers (DSQ, 1983), comités de prévention de la délinquance dans les quartiers sensibles (1983), opération « Banlieue 89 » pour « faire des banlieues aussi belles que les villes » (1983)[1]. Sur le papier du moins, ces mesures sont originales et séduisantes. Elles présentent apparemment l'avantage de s'attaquer indirectement à la question des discriminations par l'intermédiaire d'un travail sur les territoires (les quartiers et les écoles) où les jeunes issus de l'immigration sont sur-représentés, sans en constituer la cible exclusive.

Dans cette conjoncture, la « Marche pour l'égalité et contre le racisme » de l'automne 1983 prend une signification emblématique. Comme son nom l'indique, elle poursuit deux objectifs : poser explicitement et d'une manière militante la question du racisme qui paraît gangrener de plus en plus la société française ; affirmer l'égalité comme un droit pour ces jeunes qui se qualifient eux-mêmes de « beurs », se revendiquent français et exigent d'être traités comme tels, tout en assumant une origine qui n'est pas celle des « Français de souche ». Partie modestement de Marseille le 15 octobre, la Marche fait converger le 3 décembre place de la Bastille à Paris plusieurs dizaines de milliers de manifestants. Il s'agit en majorité de jeunes « beurs », mais ils ont été rejoints par des militants associatifs, des lycéens, des étudiants, des chômeurs, des citoyens ordinaires, et même sur la fin par des représentants de partis politiques. La Marche recueille un écho inattendu. L'opinion publique et les médias paraissent unanimes pour dénoncer la stigmatisation des enfants d'immigrés et le racisme dont ils sont

---

1. La production administrative et sociologique sur ces dispositifs est d'une extrême abondance. Pour une présentation d'ensemble qui les situe dans leur contexte d'émergence, on pourra se reporter à nouveau à C. Bachman, N. Le Guennec, *op. cit.*, chapitre 41, « La multiplication des dispositifs ».

l'objet. Une délégation de marcheurs est reçue à l'Élysée par le Président de la République qui promet entre autres l'établissement d'une carte de séjour de dix années pour les travailleurs étrangers. Un des militants de l'époque exprime ainsi le sentiment qui prévaut dans une ambiance de fête : « Je me souviens encore nettement de ce souffle impressionnant et de cette certitude de vivre un moment historique. Nous étions tous persuadés qu'un coup fatal venait d'être porté au racisme et à l'exclusion. Nous étions certains qu'un « mouvement » venait de naître, et qu'il ne pouvait que s'épanouir »[1].

Ces jeunes représentent la première génération qui rompt avec l'espérance d'un « retour au pays » que leurs pères avaient entretenue, souvent dans l'ambiguïté. Ils se sentent français et savent qu'ils vivront en France. La gauche, au gouvernement mais aussi dans les « banlieues rouges » où résident la plupart d'entre eux, paraît accréditer l'idée qu'une autre politique est possible, qui les traiterait à parité avec leurs concitoyens. Ce pourrait être pour eux la concrétisation du slogan socialiste : « Changer la vie ». De nombreuses associations se développent durant cette période, qui militent pour l'égalité des chances et témoignent de la volonté de ces jeunes de s'impliquer dans la vie sociale et politique française. Des jeunes filles sont présentes dans le mouvement. Elles prennent leurs distances à l'égard des traditions familiales et religieuses rigides rattachées à la culture du pays d'origine de leurs parents, en s'investissant dans la vie associative et dans leur scolarité. Les mérites et la réussite scolaire de nombreuses « beurettes » sont largement reconnus, du moins par les enseignants[2].

---

1. Saïd Bouamama, *Dix ans de marche des beurs. Chronique d'un mouvement avorté*, Paris, Desclée de Brouwer, 1994, p. 17.

2. Pour une mise en situation de la « Marche des beurs » dans la trajectoire générationnelle des jeunes issus de l'immigration, voir Stéphane Beaud, Olivier Maclet, « Des "marcheurs" de 1983 aux "émeutiers" de 2005. Deux générations sociales d'enfants d'immigrés », *Annales*, 61e année, n° 4, juillet-août 2006.

On aurait donc pu ainsi penser au début des années 1980 que la société française allait adopter une posture d'accueil à l'égard de cette génération. En tout cas, la majorité de ces jeunes voulaient y croire et participer pleinement aux activités de la société civile et à la vie politique. Cette posture nouvelle paraissait susceptible de surmonter les séquelles du colonialisme, des guerres d'indépendance, du mépris attaché à la situation de travailleurs immigrés misérables, et de préparer, du moins pour leurs enfants, les conditions d'une égalité de traitement. Pourquoi la douleur et les épreuves tenant au fait d'être issu de l'immigration ne se seraient-elles pas effacées pour les populations venues d'Afrique du Nord, comme cela avait été le cas pour de précédentes vagues d'immigration venues de Belgique, de Pologne, d'Italie, d'Espagne, du Portugal, qui avaient été, elles aussi, dans un premier temps, durement confrontées à la xénophobie ? Une belle utopie semblait sur le point de se concrétiser, avec en fond musical la reprise de la chanson de Charles Trenet « Douce France » par le groupe lyonnais *Carte de séjour*[1].

S'agissait-il d'opportunités réelles ou d'illusions trop naïves pour être vraiment crédibles ? Il est difficile d'en décider. Dans le contexte du début des années 1980, s'affichaient effectivement les prémices d'une politique différente. Mais en même temps la situation était sans doute déjà « plombée » par de lourdes tendances qui poussaient à la marginalisation de ces jeunes : une situation économique qui se dégradait, le développement d'un racisme allant de pair avec la montée d'un sentiment d'insécurité et d'une inquiétude croissante face à l'avenir dans de larges secteurs de la

1. En fait cette reprise de « Douce France » date de 1986, et prend déjà à ce moment-là une tonalité ironique, avant que des groupes de rap ne donnent la version contemporaine d'une relation à la France qui devient de plus en plus ambivalente et chargée de ressentiment (voir *infra*, Annexe 2, « Indigènes » par le groupe Éloquence et Apôtre H).

ZC
te coeur

population, et un recul des ambitions intégrationnistes de l'État qui se convertirait bientôt aux nouvelles règles de l'économie mondiale. Quoi qu'il en soit, dans les années qui vont suivre, la situation des jeunes de banlieue va, et jusqu'à aujourd'hui, se dégrader davantage. Quels sont les principaux déterminants qui ont pesé dans le sens de cette aggravation ?

D'abord, l'installation dans la « crise » diagnostiquée au début des années 1970, mais dont la majorité des observateurs et des acteurs politiques pensaient encore au début des années 1980 qu'elle était provisoire : ils attendaient « la reprise ». Or le chômage devient de toute évidence structurel. Sa croissance va de pair avec la désindustrialisation et la pénurie d'emplois peu qualifiés qui affectent de larges secteurs des classes populaires, ceux-là mêmes qui sont le plus en concurrence avec les populations immigrées ou issues de l'immigration et qui coexistent souvent avec elles dans les banlieues. Le racisme, lui aussi, s'installe. Dans les milieux populaires, il prend la forme d'une réaction de « petit Blanc » qui déplace sur le proche-différent la responsabilité de son propre malheur[1]. En situation de concurrence exacerbée, les travailleurs immigrés sont accusés de voler leurs emplois aux Français de souche, et de surcroît de monopoliser les aides publiques et les services sociaux pour lesquels ils n'ont aucun droit parce qu'ils ne font pas partie de la communauté nationale. « Les Français d'abord », clamera bientôt le Front national.

1. Cette expression de « petit Blanc » renvoie historiquement à la situation des États-Unis après la guerre de Sécession. Une partie de la population blanche s'est appauvrie et se retrouve face à des Noirs au moins aussi pauvres qu'elle, mais qui ont acquis des droits. Le Noir devient l'ennemi principal dans une économie d'échanges livrée à la concurrence. Mais il pourrait s'agir d'un schème de portée quasi anthropologique pour saisir une dynamique constitutive du racisme en situation de concurrence exacerbée : la stigmatisation de la différence portée par le proche-différent. Il faut l'enfermer dans sa différence car, s'il était traité comme mon égal, il risquerait de prendre ma place.

On observe ainsi, sur une vingtaine d'années, un glissement vers une racialisation du discours sur les immigrés dans les milieux ouvriers. Revenant de leur itinéraire d'enquête dans la région de Sochaux, Stéphane Beaud et Michel Pialoux évoquent la fin des années 1980 pendant lesquelles, en dépit des tensions, certains de leurs informateurs, syndicalistes il est vrai, parlent de « mes copains immigrés ». Les auteurs montrent le double processus qui a joué depuis : à la fois la perte des solidarités ouvrières, l'intensification de la concurrence à l'usine, et aussi la perméabilité à ce qui arrive à l'extérieur de l'espace de travail, dans les cités proches, en particulier le comportement jugé provocateur des « petits immigrés » ou des « petits Arabes ». Ainsi tend à s'installer un clivage entre les « ouvriers blancs » tentés de se trouver une respectabilité en s'affirmant « Français de souche », et les « immigrés non européens », qualification d'un racisme à peine euphémisé qui inclut non seulement les immigrés venus du Maghreb ou de l'Afrique subsaharienne, mais aussi leur progéniture, même si elle a la nationalité française.

L'audience du Front national et son installation dans le paysage politique français sont la conséquence directe de cette attitude. La prise de conscience de la force qu'il représente se fait lors des élections municipales de septembre 1983, avec en particulier le symbole de la ville de Dreux où le parti d'extrême-droite, après avoir recueilli 16,7 % des voix au premier tour, est intégré dans l'équipe municipale qui l'emporte au second tour[1]. Lors des consultations suivantes, les électeurs de Jean-Marie Le Pen représenteront entre 10 et 15 % du corps électoral.

Cette percée du Front national a eu des conséquences considérables sur la gestion des populations issues de l'immigration, notamment dans les banlieues. Même s'il n'a jamais été en

1. Françoise Gaspard, *Une petite ville en France*, Paris, Gallimard, 1990.

mesure d'exercer directement le pouvoir, sa présence a été déterminante pour empêcher une participation effective des populations issues de l'immigration à la vie sociale et politique du pays. Olivier Masclet montre bien que, par crainte de paraître donner raison au discours du Front national qui dénonçait les avantages et les « privilèges » indus accordés aux immigrés, les municipalités de gauche ont renoncé à donner aux jeunes militants des minorités visibles la place qu'ils méritaient et qu'ils désiraient. Cette manière de céder au chantage a également joué au niveau national, et jusqu'aux plus hautes sphères de l'État. Pourquoi ce que Nicolas Sarkozy a fait en mai 2007 en intégrant des personnalités issues de l'immigration dans le gouvernement qu'il a formé, François Mitterrand ou Lionel Jospin n'auraient-ils pas pu le faire avant lui ? En fait, ils l'auraient très bien pu, mais ils n'ont pas voulu assumer le risque, électoral d'abord, de prendre à contre-pied la partie de l'opinion qui était sensible aux positions xénophobes et racistes[1].

Il ne s'agit pas de diaboliser le Front national, qui l'a été bien assez (et sans doute trop, car, si l'on en avait eu moins peur, on aurait été moins tenté de lui céder en lui donnant finalement raison). Par contre, il faut bien admettre que les positions défendues par ce parti sont hautement significatives, parce qu'elles sont populaires. Au-delà de la fraction au demeurant assez limitée de l'opinion qui affiche ouvertement sa « préférence nationale » et son hostilité aux immigrés, le rejet de l'immigration et la difficulté à admettre dans la société française les jeunes qui en sont issus sont une composante à part entière de notre vie nationale. Sans doute assiste-t-on en ce moment à la fin de l'exceptionnalité que le Front national a paru représenter dans le

1. Sauf erreur, le seul membre d'un gouvernement de gauche issu de l'immigration a été Tofi Yamgnane nommé secrétaire d'État au ministère des Affaires sociales et de l'Intégration dans le gouvernement d'Edith Cresson en mai 1991 et resté en fonction jusqu'en mars 1993.

paysage politique français. Mais s'il décline, c'est que certaines au moins de ses principales positions sont reprises par le pouvoir politique actuel. Témoin, le durcissement des politiques d'immigration et de répression de la délinquance des jeunes qui cible au premier chef les jeunes de banlieue issus de l'immigration.

On peut en tout cas mesurer le chemin parcouru, ou plutôt le temps perdu, par rapport aux espérances soulevées lors de la Marche des beurs. Un de ses slogans les plus populaires scandait « La France, c'est comme une mobylette : pour avancer, il faut du mélange ». Mais ni en 1983 ni aujourd'hui, la France ne fonctionne au mélange. Elle marche davantage à la discrimination.

Une seconde série de facteurs est intervenue pour rendre encore plus problématique l'acceptation de ces jeunes par la société française : une suite d'événements internationaux qui ont conduit à assimiler toute référence à l'islam à l'islamisme, c'est-à-dire à la menace par excellence qui pèserait sur notre modèle de société. On glisse ainsi d'une suspicion teintée de mépris à l'égard du travailleur immigré à une peur du musulman susceptible de remettre en cause les fondements de la civilisation occidentale.

Les principaux épisodes de cette montée en puissance de l'islamophobie ont été la première guerre du Golfe en 1991, à laquelle ont succédé le déclenchement de la seconde Intifada palestinienne en 2000, les attentats du 11 septembre 2001 évidemment, la guerre en Irak, puis d'autres attentats encore en Europe, etc. Il faut souligner l'impact de ces événements à la fois sur les jeunes que leur origine rattache à l'islam et sur l'opinion publique française.

Younes Amrani, l'interlocuteur de Stéphane Beaud dans *Pays de malheur !*, décrit la réaction d'un jeune résidant dans une banlieue proche de Sochaux à la première guerre du Golfe, d'autant plus significative qu'il s'agit d'un jeune lycéen que l'on pourrait qualifier d'ordinaire, d'origine marocaine mais sans convictions politiques ni religieuses affirmées[1]. Il ressent cependant immédiatement l'humiliation d'être perçu comme appartenant à un camp, celui des agresseurs arabes qui sera aussi très bientôt celui des vaincus. Il sent également la nécessité de se solidariser avec ceux qui sont censés être ses coreligionnaires : il fait des graffitis « pour Saddam » et dessine des scuds sur les tables. Mais il sait en même temps que cette cause n'est pas la sienne, comme il le dit lui-même : « Il y avait bien sûr toute l'image extérieure qu'on doit donner : être contre les Feys, contre l'Amérique... pour les Arabes... Mais j'y réfléchis depuis ce matin et je me dis qu'aucun d'entre nous n'était vraiment sincère et qu'en fait on s'en foutait du Moyen-Orient. [...] On faisait bien les malins mais on était bien contents d'être en France et d'étudier dans un lycée ».

Cette sorte d'appartenance distanciée paraît être une attitude générale chez ces jeunes qualifiés d'« arabo-musulmans » par rapport à des enjeux internationaux qui les dépassent. Didier Lapeyronnie le confirme à partir de récentes enquêtes de terrain dans les « quartiers sensibles ». « C'est quand même des Arabes qui ont fait ça », peuvent dire certains de ces jeunes à propos des attentats du 11 Septembre, avec une pointe de fierté et le sentiment qu'il y a là comme une revanche contre des humiliations subies, sans que l'on sache trop s'il s'agit des humiliations du monde arabe sur la scène internationale, ou de celles qu'ils subissent eux-mêmes dans leur vie quotidienne. Mais simultanément, ces mêmes jeunes peuvent se déclarer hostiles aux attentats et à l'islamisme radical, surtout lorsqu'ils en discutent entre eux. « L'individu pense-t-il ce qu'il dit ou même croit-il ce qu'il

1. Younes Amrani et Stéphane Beaud, *Pays de malheur !, Un jeune de cité écrit à un sociologue*, Paris, La Découverte, 2004.

dit ? Au fond la question n'a guère de sens. Il pense ce qu'il dit et il ne le pense pas en même temps, il y croit et il n'y croit pas »[1].

C'est que cette identité « arabo-musulmane » est une identité imposée et non, pour la plupart d'entre eux, une identité assumée. Ils doivent « faire avec », vivre avec une représentation d'eux-mêmes qu'ils n'ont pas choisie, et qui pèse sur eux comme le soupçon permanent d'être autre chose que ce qu'ils sont. Leur réaction est dans une large mesure une réponse à une image qui leur est renvoyée d'eux-mêmes et dans laquelle ils ne se reconnaissent pas. Mais ont-ils un autre rôle à jouer, alors qu'ils sont présentés comme une incarnation au moins potentielle du mal ?

Car la construction sociale, et spécialement médiatique, du danger islamiste ne s'embarrasse pas de nuances. On a déjà évoqué le cas de Khaled Kelkal, socialisé dans la banlieue lyonnaise, qui fut l'un des auteurs de l'attentat du RER Saint-Michel à Paris en 1995 et fut abattu par la police devant une caméra de télévision de France 3. De toute évidence, son itinéraire est, du moins à ce jour, exceptionnel. Pourtant le journal télévisé de 20 heures de France 2 du 6 octobre 1995 le présente comme « un parcours désormais classique »[2]. Ce n'est pas du tout un parcours classique, au contraire. Mais il est devenu classique, ou courant, d'associer l'appartenance même indirecte au monde musulman à un danger potentiel. Dans la même veine, on pourrait citer, à la suite des agressions commises à l'occasion de la manifestation lycéenne du 8 mars 2005 par des jeunes effective-

1. Didier Lapeyronnie, « La banlieue comme théâtre colonial, ou la facture coloniale dans les quartiers », *in* Pascal Blanchard, Nicolas Bancel, Sandrine Lemaire, *La Fracture coloniale*, Paris, La Découverte, 2006, p. 220.

2. Voir Thomas Deltombe, Mathieu Rigouste, « L'ennemi intérieur : la construction médiatique de la figure de "l'Arabe" », *in* P. Blanchard, N. Bancel, S. Lemaire, *op. cit.*

ment venus des cités, la pétition signée par plusieurs intellectuels de renom dénonçant « les ratonnades anti-Blancs ». Ces agressions sont effectivement odieuses. Mais faire un amalgame qui accrédite l'idée que les jeunes des cités, « blacks » ou « beurs » (car ce sont eux qui sont visés), pourraient être assimilés à ces conduites sauvages, est également injustifiable. Pour prendre un dernier exemple, la candidate de l'UMP dans la circonscription de Sarcelles aux dernières élections législatives a déclaré : « Moi, mon mari peut dormir tranquille. Dans ma circonscription, il n'y a que des Noirs et des Arabes. L'idée de coucher avec l'un d'entre eux me répugne »[1]. À ma connaissance, ces propos n'ont été ni dénoncés ni sanctionnés, par exemple par l'interdiction d'exercer des responsabilités dans un parti qui est quand même le parti du gouvernement de la France et celui du Président de la République qui a promu Mme Rachida Dati, « Arabe », aux plus hautes fonctions. C'est une belle contradiction, mais elle illustre la relation effectivement contradictoire que la République entretient avec ses minorités ethniques.

La marque de la race

Il faut regarder les choses en face : une connotation raciale et souvent raciste s'est progressivement imposée avec de plus en plus d'insistance pour rendre compte de la place qu'occupent les « minorités visibles » dans la société française. D'abord occultée, ou euphémisée, ou encore énoncée d'une manière plus ou moins honteuse, elle s'est replacée au cœur du débat public, surtout à partir des années 2000. Un des premiers ouvrages posant ouvertement la question de l'inégalité raciale est paru en 2000, un

1. Cité dans *Libération* du 28-29 juillet 2007.

travail académique au demeurant fort sérieux[1]. Mais, depuis, le débat s'est installé comme un véritable enjeu de société : polémiques sur l'héritage de l'esclavage à la suite de la loi Taubira (2001) qui en fait un crime contre l'humanité, contestation des lois « mémorielles » qui entendent réévaluer le rôle de la colonisation, affaire Dieudonné, Appel des « Indigènes de la République » en 2005, création du Conseil représentatif des associations noires (CRAN) la même année, controverses autour de la repentance, et même des réparations auxquelles la France devrait consentir pour compenser les crimes du colonialisme… : la thématique post-coloniale et la figure de l'indigène de la République sont aujourd'hui au centre de discussions passionnées[2]. À ces revendications d'abord portées par des groupes qui s'estiment victimes de discriminations dues à leur appartenance ethno-raciale, a répondu comme en écho le procès de ces minorités, instruit par les défenseurs intransigeants de l'universalisme républicain : selon eux, elles s'enfermeraient elles-mêmes dans leur particularisme ethnique et développeraient un communautarisme agressif culminant dans le « racisme anti-Blanc ».

On est en droit de parler aujourd'hui d'un « retour de la race », à condition bien sûr de veiller au sens des mots. La conception de la race qui prévalait dans le cadre de la colonisation et dont il faut interroger le mode de présence actuel dans la société française, n'implique pas nécessairement un principe de différenciation biologique irréductible qui cliverait l'humanité en sous-espèces dont l'identité serait génétiquement déterminée une fois

1. Véronique de Rudder, Christian Poiret, François Vourc'h, *L'inégalité raciste. L'universalité républicaine à l'épreuve*, Paris, PUF, 2000.

2. Pour une présentation de ces débats souvent confus, voir par exemple Françoise Verges, « Le récit national, le récit des outrages et l'émergence de nouvelles demandes de "droit de cité" », *in* Michel Wieviorka, *Peut-on encore chanter la Douce France ? Les entretiens d'Auxerre*, La Tour-d'Aigues, Éditions de l'Aube, 2007.

pour toutes (le nazisme a donné une version particulièrement monstrueuse de cette interprétation de la différence des races). On peut aussi appeler race une constellation de spécificités culturelles censées se transmettre de générations en générations parce qu'elles perpétuent des modes de vie et des structures affectives et mentales propres à une société. La race supérieure est alors celle qui porte et exporte la culture supérieure, la civilisation. D'autres races sont jugées inférieures en fonction de leur distance par rapport à cette civilisation et de leur plus ou moins grande incapacité à l'assimiler. La différence raciale réside ici dans des différences culturelles essentialisées [1].

C'est cette conception qui a été instrumentalisée par l'entreprise colonisatrice. L'indigène appartient à une culture inférieure et il est plus ou moins réfractaire à la possibilité de s'approprier la culture supérieure. Il relève donc d'un statut différent de celui des membres de la société civilisatrice, c'est-à-dire, s'agissant de la colonisation française, des citoyens français. Le Code de l'indigénat élaboré en Algérie (loi de 1881) formalise cette différence. Il institue la distinction entre sujets, ou ressortissants de l'État français, et citoyens français. Les Algériens sont des sujets ou des ressortissants français en tant qu'habitants de départements français, donc du territoire national, mais ils n'ont pas les prérogatives de la citoyenneté française. Ils relèvent d'un statut juridique spécial qui comporte une restriction des droits civiques et des réglementations disciplinaires spécifiques qui les installent dans une situation de dépendance. Il convient cependant de le répéter : la différence entre le citoyen français et l'indigène ne tient pas à l'incompatibilité de leurs patrimoines biologiques. Ce qui infériorise l'indigène, c'est son inscription dans une communauté inférieure qu'il tient de ses origines et de sa propre

1. Étienne Balibar, *Le Racisme après les races*, Actuel Marx, Paris, PUF, 2004, et aussi « Le retour de la race », *Mouvements*, n° 50, juin-août 2007.

histoire. La race est une naturalisation des manières d'être, de se comporter, de sentir, différentes des accomplissements et des valeurs du sujet civilisé. Le critère de la discrimination n'est pas biologique, même s'il est naturalisé : il est social. La preuve en est que certains indigènes ont pu accéder à la citoyenneté française : ceux dont la position sociale, le niveau d'instruction, le mode de vie, ce que l'on pourrait appeler leur civilité, attestent qu'ils ont pu surmonter cette infériorité qui tenait à leur origine. Le stigmate de la race peut donc être dépassé. Pour cela, il faut et il suffit que l'indigène fasse la preuve qu'il est capable de s'assimiler à la culture occidentale[1].

De 1865 à 1937, moins de 2 500 Algériens ont accédé à la nationalité française, ce qui peut paraître dérisoire, mais suffit à réfuter la thèse d'un racisme colonial fondé sur le déterminisme biologique. Même les formes les plus brutales de la colonisation française n'ont pas exclu l'assimilation des indigènes, mais l'ont au contraire recherchée en sachant que cette « réussite » était exceptionnelle et en employant souvent les pires moyens pour la réaliser. Ainsi Jules Ferry déclarait : « Il faut placer l'indigène dans l'étroite nécessité de s'assimiler ou disparaître »[2]. La phrase

---

1. Voir E. Saada, « Un racisme de l'expansion, les discriminations raciales au regard de la situation coloniale », *in* D. Fassin et É. Fassin, *op. cit.* Voir aussi E. Saada, « Une nationalité par degré. Civilité et citoyenneté en situation coloniale », *in* Patrick Weil, Stéphane Dufaix, *L'esclavage, la colonisation et après...*, Paris, PUF, 2005. Le Code de l'indigénat a été formellement aboli en 1927, mais l'infériorité du ressortissant français par rapport au citoyen français subsistera sous des formes diverses (ainsi, l'institution de deux collèges électoraux). Le statut infériorisé de l'indigène se retrouve avec des variantes dans les différentes colonies françaises. Ainsi le procureur général de la Nouvelle-Calédonie parle des Kanaks comme de « Français à un moindre degré » (E. Saada, « Une nationalité par degré », art. cité, p. 202). P. Weil rapporte aussi à propos des musulmans d'Algérie qu'ils « étaient des ressortissants français d'une origine étrangère la plus "indésirable", dont il ne fallait laisser entrer les membres qu'au compte-gouttes » (*Qu'est-ce qu'un Français ?*, Paris, Grasset, 2002, p. 238).

2. Jules Ferry, *Le Tonkin ou la mère patrie*, Paris, 1889.

est assez terrible, mais donne aussi à comprendre la forme extrême de la « mission civilisatrice » que s'est donnée la France : éradiquer la culture indigène pour construire une nouvelle société où s'imposeraient les principes de la République. Au demeurant, la colonisation a pu prendre des formes moins brutales qui n'excluaient pas toujours le désir sincère d'apporter aux indigènes les lumières de la raison et les bienfaits du progrès. Elle est aussi quelque peu revenue sur cette conception totalisante de l'assimilation en laissant une marge de manœuvre à la culture indigène à condition qu'elle reste subordonnée. Mais elle n'a jamais douté qu'il fallait aller à l'encontre de ce qui faisait l'arriération de l'indigène, à savoir sa fixation sur les caractères propres de sa culture d'origine.

C'est à partir de ce cadre historique et conceptuel que l'on peut discuter de la pertinence de la référence à une situation postcoloniale et à une condition d'« indigène de la République » pour comprendre les discriminations dont sont aujourd'hui victimes en France les sujets « issus de l'immigration ». La question n'est pas de savoir si la France est encore un État colonial, ce qui, en dépit des termes de l'appel des « Indigènes de la République », n'est pas défendable *stricto sensu*. Elle est de savoir si la société française a conservé en les recyclant certains traits d'un passé colonial qui serait à la base du traitement qu'elle réserve à une partie de sa population. De ce point de vue, deux points méritent une attention particulière. Premièrement, n'y a-t-il pas, dans la manière de percevoir et de traiter les populations « issues de l'immigration », la reconduction de cette conception de la race qui fait des traits culturels renvoyant à une origine ethnique différente une sorte de *seconde nature* se transmettant de génération en génération et faisant obstacle à l'intégration dans la société française ? Deuxièmement, n'y a-t-il pas toujours à l'œuvre dans notre société une conception rigide et autoritaire de l'appartenance nationale qui exige comme son idéal, à la manière dont l'idéologie colonialiste pensait l'assimilation, que l'on renonce à toute spécificité renvoyant à une autre origine pour se couler dans le moule de la République ?

Sur le premier point, il faut prendre très au sérieux l'étiquette « issus de l'immigration » attachée de manière récurrente à des jeunes qui sont installés sur le sol français et dont le rapport direct à l'immigration remonte à deux ou trois générations. Elle signale que « quelque chose ne passe pas » et se reproduit comme un fait de nature, alors que c'est un effet de l'histoire. Le présent de ces jeunes est lu à partir d'un passé qui n'est pas le leur, et cette permanence du passé dans le présent opère comme une marque indélébile d'origine étrangère. Il y a peu, le ministre de l'Éducation nationale lui-même, dans *Le Monde de l'Éducation* de novembre 2003, s'en prenait à « la relative insolence » d'un type d'élèves qualifiés d'« immigrés du monde arabo-musulman de la troisième génération ». C'est bien d'un cumul des handicaps qu'il s'agit : non seulement les grands-parents sont venus d'ailleurs, mais ils provenaient du « monde arabo-musulman », ce qui explique qu'ils ne soient pas normés comme des Français de souche. Mais leur descendance hérite de ces caractéristiques. Même les jeunes de la « troisième génération » sont bien d'une race différente, entendue comme la transmission trans-générationnelle d'un habitus déficient. On en vient ainsi, comme le dit Étienne Balibar, à constituer « une catégorie sociale juridiquement et humainement monstrueuse, qui est *la condition héréditaire d'immigrant* : "immigrés une fois, immigrés pour toujours", de génération en génération, quelle que soit la nationalité acquise ». De cette manière, ajoute É. Balibar, on peut parler des individus ainsi catalogués comme d'« étrangers de l'intérieur »[1].

Les historiens ont sans doute eu tendance à sous-estimer le fait qu'il y a eu en France *deux immigrations*[2]. Il existe bien une

1. É. Balibar, « Uprisings in the banlieues », *Lignes*, numéro 23, novembre 2006.
2. Voir P. Blanchard, « La France entre deux immigrations », *in* P. Blanchard, N. Boncel, S. Lemaire, *op. cit.*

dimension en quelque sorte structurelle de l'immigration. Ainsi Gérard Noiriel souligne qu'« au-delà de tout ce qui les sépare, les immigrants qui se sont installés en France depuis le XIXe siècle ont traversé les mêmes épreuves, ont vécu les mêmes expériences décisives »[1]. C'est vrai, mais il est aussi vrai que pour certains ce choc culturel de l'installation dans un pays étranger, qui a pu donner lieu aux formes les plus extrêmes de la xénophobie, s'est progressivement atténué pour aboutir à l'intégration dans le « creuset français ». Pour d'autres au contraire, il reste une marque dont la persistance des discriminations est le symptôme. Or cette ligne de fracture sépare des territoires géographiques et culturels biens circonscrits. Une immigration « occidentale » a pu se fondre dans une identité nationale française sans que le retour aux origines des premiers arrivants se rejoue en permanence. À ma connaissance, on n'a pas parlé des descendants des travailleurs belges, polonais ou italiens comme d'immigrés de la deuxième ou de la troisième génération. Mais il y a une autre immigration, venue du Sud et qui recoupe largement les régions d'Afrique où la France a longtemps exercé son hégémonie.

« L'indigène a infiniment plus de mal à s'assimiler à notre culture que les Européens, nos voisins, que des siècles d'éducation gréco-latine et chrétienne ont beaucoup rapprochés de nous. » Cette phrase est extraite d'une conférence donnée en 1928 au Conseil supérieur des Colonies[2], mais elle exprime une opinion encore aujourd'hui répandue. « L'indigène de la République » a désormais la qualité de citoyen français (il n'y a plus de Code de l'indigénat), mais il est marqué par cette appartenance ethnique qui en fait un possible réfractaire à une intégration complète dans la société française. C'est d'une plus ou moins

1. Gérard Noiriel, *Gens d'ici venus d'ailleurs*, Paris, Éditions du Chêne, 2004.
2. Cité par E. Saada, « Une nationalité par degré », art. cité.

grande résistance qu'il faudrait parler, et non d'une incapacité absolue d'intégration. Déjà au temps de l'indigénat, certains indigènes étaient jugés assimilables. Ils sont devenus plus nombreux depuis, et quelques-uns sont même aujourd'hui ministres de la République. Il n'en demeure pas moins que l'appartenance ethnique, cette spécificité culturelle racialisée, peut continuer à peser comme une marque discriminante, surtout pour la majorité de ceux qui sont issus de milieux populaires et associent un handicap de classe au handicap de la race. Ce n'est pas seulement une affaire de représentation. Comme on l'a vu, les pratiques concrètes de discrimination, même si elles ne sont plus légales comme au temps de l'indigénat, mais en principe interdites par la loi et le droit, restent monnaie courante.

Dans la situation actuelle, une seconde caractéristique réactive, sans non plus les reproduire à l'identique, des traits du passé colonial de la France. On a souligné que l'une des lignes de force de la colonisation avait été l'idée que, pour mériter la citoyenneté française, l'indigène devait se mettre en étroite conformité avec les principes de la République, et renoncer à une culture d'origine qui constituait un obstacle à son assimilation. Aujourd'hui encore, l'universalisme républicain exige l'abandon des particularismes, ce qui n'est peut-être pas scandaleux en soi, mais à condition que celui qui consent à ces sacrifices y trouve de réelles contreparties. Mais une majorité de la population « issue de l'immigration » est sommée de faire le deuil de toutes ses appartenances, sans que le pays d'accueil qui est devenu *son* pays ne lui procure ce minimum de ressources et de reconnaissance qui est nécessaire pour assurer son indépendance sociale. Dès lors, elle peut avoir l'impression d'avoir été victime d'un marché de dupe. Les beaux principes républicains exercent en fait une grande violence à l'égard des minorités ethniques. Celui qui porte la marque d'une culture différente n'est pas reconnu dans sa dignité. Son appartenance le disqualifie et peut devenir source de honte et il est de surcroît soupçonné d'être un danger pour la République en entretenant la menace du communautarisme.

Rien ne l'illustre mieux que le traitement réservé à la religion musulmane en France et auquel le long psychodrame de « l'affaire du voile islamique » a servi de révélateur. Que quelques jeunes filles portent le voile à l'école, et c'est la « France tribale » qui se fait entendre contre la « France républicaine »[1]. Il est difficile de penser que le comportement de ces jeunes filles, qui obéissent d'ailleurs à des motivations très diverses, puisse menacer la République. Les principes de la laïcité républicaine sont bien plus gravement mis en cause par la non-reconnaissance complète de l'islam, deuxième religion de France. La loi de 1905 stipule que, si l'État ne peut pas subventionner les différents cultes, il doit garantir à parité leur libre exercice. Ce n'est pas le cas lorsqu'il s'agit de la religion musulmane. Ainsi très fréquemment les municipalités exercent leur droit de préemption sur les terrains de la commune pour empêcher la construction de mosquées. Lorsqu'elles l'accordent, suivant en cela l'esprit de la loi de 1905, il n'est pas certain que l'entreprise aboutisse pour autant. Un tribunal administratif, sur une plainte déposée par le Mouvement national républicain de Bruno Mégret au nom de la lutte contre « l'islamisation de notre pays », a récemment annulé le bail emphytéotique (concession d'un terrain d'une durée de 99 ans pour la somme symbolique d'un euro) qu'une municipalité avait accordé pour la construction d'une mosquée[2]. Ce n'est pas une anecdote, mais un bel exemple de discrimination négative. La justice elle-même cède aux pressions de l'islamophobie au mépris de l'esprit de la loi sur la laïcité.

1. A. Finkielkraut, « Voiles, la sainte alliance des clergés », *Le Monde*, 25 octobre 1989.

2. Voir Jean Bauberot, « Laïcité : la loi de 1905 mise en cause », *Le Monde*, 18 juillet 2007.

Dans le même ordre d'idées, en dépit de la forte proportion de détenus d'obédience musulmane dans les prisons françaises, l'assistance religieuse y est très mal assurée pour eux, voire pas du tout[1], alors que la loi de 1905 précise que le service des cultes doit être ménagé « dans les établissements publics tels que les lycées, collèges, écoles, hospices, asiles, prisons ». Ici aussi, la religion musulmane est discriminée. Par rapport à l'école, elle l'est encore d'une autre manière. La conception républicaine de la laïcité s'est accommodée de l'existence d'écoles privées confessionnelles dans lesquelles un enseignement religieux est dispensé. Pourquoi des écoles privées musulmanes ne seraient-elles pas intégrées au service de l'Éducation nationale au même titre que des écoles d'obédience catholique, par exemple ?

Je ne me réfère pas ici au contenu religieux de la religion, mais au fait que dans la société française la religion musulmane est moins traitée comme une des trois religions du Livre que comme le marqueur d'une identité déficiente par rapport à la culture dominante. Pourtant, en fonction des principes républicains, il ne saurait y avoir deux poids deux mesures dans le traitement des spécificités religieuses et culturelles. Que ce ne soit pas le cas signifie que l'on traite l'appartenance à l'islam comme un héritage indigène, c'est-à-dire racialement connoté et qui n'a pas pleinement droit de cité dans notre société. De ce point de vue, les intégristes de la République et les nationalistes d'extrême droite ont en commun de disqualifier ce qui leur paraît non républicain ou non français au nom d'une conception monolithique de la République et de la France. « Les populations issues des migrations coloniales ou post-coloniales (car c'est bien d'elles qu'il s'agit) sont donc prises en étau entre le légalisme natio-

1. Voir F. Kosrokhavar, *op. cit.*

naliste républicain et le populisme nationaliste raciste »[1]. Que leur reste-t-il dès lors comme ressources, si ce n'est de faire retour sur leur origine pour la magnifier ou en faire la base de revendications particularistes ? C'est lorsqu'elle est déniée ou méprisée que la différence devient dangereuse. L'appartenance à l'islam peut alors se changer en islamisme radical, ou le fait d'avoir été dévalorisé en tant que Noir conduire à se poser comme une victime de l'esclavage qui exige réparation. Il est trop facile dès lors de dénoncer les dangers d'un communautarisme que l'on a contribué à construire.

Le communautarisme est un danger pour l'unité de la nation quand il désigne le comportement de groupes organisés d'une manière autonome et qui contreviennent aux lois de la République. Ce n'est pas le cas en France. Du moins, pas encore, car une instrumentalisation rigide du modèle républicain pourrait y conduire en créant le problème qu'elle prétend combattre. Faute d'accepter les différences culturelles et de leur faire une place dans la nation, cette instrumentalisation condamne en effet ceux qui sont rejetés au repli sur un entre-soi communautaire. Parallèlement, restent également entre soi les gardiens du Temple de la citoyenneté, ceux qui sont les plus solidement et les plus classiquement intégrés dans la société française, de préférence blancs de peau, assurés dans leur travail et vivant en dehors des quartiers en difficulté. En durcissant les critères qui permettent d'être reconnu comme un citoyen à part entière, une certaine rhétorique républicaine se met ainsi au service, comme le dit François Dubet, du « bloc défensif des privilégiés de la République »[2].

1. V. de Rudder, C. Poiret, F. Vourc'h, *op. cit.*, p. 11.
2. F. Dubet, « Le retour à l'ordre, et après ? », in *Banlieue, lendemains de révolte*, *op. cit.*, p. 68.

Une République multiculturelle est-elle possible ?

Pour dépasser ce clivage fatal pour l'unité de la nation, une reconnaissance franche du pluralisme culturel et un strict traitement à parité des populations porteuses de spécificités ethniques et culturelles s'imposent.

La France est déjà un pays pluriethnique et pluriculturel. 8 millions de personnes appartenant à des « minorités visibles » (i.e. qui ne sont pas de race blanche) y vivent. 5 à 6 millions d'entre elles sont nées en France. Les personnes d'origine maghrébine y sont également au nombre de 5 à 6 millions ; 3,5 millions ont la nationalité française (dont 500 000 harkis). La population noire (des départements d'outre-mer et d'Afrique subsaharienne) est estimée à 2 millions, dont 1,5 million de Français. Environ 1 million de personnes originaires du monde asiatique vivent en France, ainsi que 3,6 millions d'étrangers, dont 510 000 sont nés en France. Plus de 1,5 million de personnes nées à l'étranger ont acquis la nationalité française[1].

Ces chiffres comportent tous une marge d'erreur (en raison de la difficulté d'obtenir des statistiques fiables sur l'origine ethnique) et ils ne s'additionnent pas car ils sont établis sur des critères différents. Néanmoins plus de 10 millions de personnes, soit environ 15 % de la population vivant en France, ne sont pas d'origine « autochtone », et parmi elles plus de la moitié ont la nationalité française.

Autrement dit, la France est déjà un pays pluriethnique et pluriculturel, et elle le sera de plus en plus à l'avenir. Il y a un rapport évident entre ce pluralisme et les flux migratoires passés et présents. Si l'immigration s'impose avec une force impé-

1. Voir Salvador Erba, *Une France pluriculturelle*, Paris, Librio E.J.L, 2007.

tueuse, ce n'est pas seulement en raison de la plus grande porosité des frontières et des plus grandes difficultés des États à les contrôler. Elle est aussi portée par des caractéristiques internes de la société française. Comme le montre François Héran sur la base des projections démographiques de l'INSEE, bientôt « la migration de peuplement deviendra le principal, voire l'unique facteur de notre croissance démographique »[1]. Si un choix devait être fait, même indépendamment de la question des migrations de travail, ce serait entre le déclin démographique de la France et la poursuite de sa croissance. Mais, en réalité, nous n'avons pas le choix : « Il n'y a pas à se demander s'il faut être pour ou contre [l'immigration], ce serait aussi vain que se demander si nous devons être pour ou contre le vieillissement »[2]. Et François Héran d'évoquer l'image d'une France qui, dans quelques décennies, sous l'effet d'une « infusion » lente des populations qu'elle a accueillies et qu'elle accueillera encore, pourrait ressembler à ce qu'est aujourd'hui l'île de la Réunion : une part de la nation française où coexistent des ethnies différentes, à l'état « pur » ou métissé, avec toute la gamme possible des cultes religieux, et ceci sous l'égide des lois de la République et sans affrontement des communautarismes. La Réunion n'est certainement pas un paradis, mais elle illustre le fait qu'un brassage effectif des ethnies et le respect des spécificités culturelles qui s'y rapportent n'est pas une utopie dans le cadre de la nation française. La République ne se démettrait pas en renonçant à imposer une composition uniforme de l'identité nationale, qui coïncide avec l'hégémonie de « l'ethnie » autochtone majoritaire en métropole. Elle devrait faire preuve d'imagination et d'esprit d'ouverture pour accueillir les différences et les faire coexister

1. François Héran, *Le Temps des immigrés. Essai sur le destin de la population française*, Paris, La République des idées/Seuil, 2007, p. 12.
2. *Ibid.*, p. 105.

pacifiquement afin qu'elles s'enrichissent de leurs apports réciproques. De vigilance aussi, car les dérives sont toujours possibles : un pluralisme harmonieux n'est jamais donné d'emblée, il est à construire. Mais la situation actuelle montre que l'imposition d'un modèle républicain monolithique entraîne aussi des dérives auxquelles il est urgent de remédier.

Si la possibilité de construire un véritable pluralisme paraît à beaucoup très aléatoire, si ce n'est illusoire, c'est peut-être aussi parce que nous jouons à nous faire peur. Il existe en France un discours très répandu sur la « nature » des populations « issues de l'immigration », et spécialement cristallisé sur les jeunes des banlieues. S'ils sont dans cette situation, dit-on, c'est qu'ils ne peuvent pas et très souvent ne veulent pas en sortir : ils sont violents, asociaux, révoltés, machistes, allergiques au travail et aux règles élémentaires de la sociabilité, ils haïssent la France et ne veulent rien avoir de commun avec elle, si ce n'est pour en profiter. C'est, poussé à l'extrême, le paradigme de l'indigène, porteur d'un patrimoine culturel que le rend réfractaire aux normes de la « civilité civilisée ». Sous réserve d'une analyse plus approfondie – car ces jeunes sont aussi victimes de cette situation et il ne suffit pas de « blâmer la victime » pour saisir les racines des conflits –, une telle représentation pourrait valoir approximativement pour la frange la plus désocialisée d'une jeunesse sans avenir. Ils sont quelques dizaines de milliers sans doute, qui posent effectivement de sérieux problèmes de maintien de l'ordre, et relèvent dans l'immédiat de mesures de police. Mais la mystification commence lorsque, comme par un effet de halo, cette image se diffuse sur l'ensemble des populations issues de l'immigration post-coloniale soupçonnées, à cause de cette origine, de ne pas pouvoir ou de ne pas vouloir adhérer à la société française.

Toutes les analyses un peu sérieuses réfutent radicalement cette construction purement idéologique. Ainsi, une enquête récente de l'Institut américain PEW Research Center sur l'intégration des musulmans dans quatre pays européens montre qu'en France 72 % des Français musulmans ne voient aucun conflit entre le fait de pratiquer l'islam et le fait de vivre dans la société française ; 91 % d'entre eux ont une bonne opinion des chrétiens, 71 % une bonne opinion des juifs, proportions en moyenne deux fois plus élevées que chez les musulmans britanniques, allemands ou espagnols[1]. Une autre enquête montre qu'arrivée à l'âge de la retraite la très grande majorité des travailleurs immigrés veulent rester en France[2]. S'agissant des jeunes, une étude portant sur les jeunes Maghrébins nés en France et âgés de 18 à 30 ans montre que 78 % se sentent plus proches des Français que de leurs parents ; 70 % envisagent un possible mariage avec une Française ; et même 64 % d'entre eux se disent disponibles pour combattre pour la France[3].

On pourrait continuer à accumuler ce type de données un peu fastidieuses. Elles montrent toutes que la représentation du musulman allergique aux valeurs de la société française est littéralement une construction raciale, au sens de ce racisme différencialiste qui essentialise et reproduit l'infériorité culturelle que l'on a prêtée aux indigènes dans le cadre d'un rapport de domination colonialiste. Si on dépasse ce préjugé, il n'y a aucune raison de penser que l'ex-indigène, avec la culture qu'il a pu garder, ne serait pas parfaitement intégrable dans les cadres assouplis de la nation. Pour réaliser une telle entreprise, il faudrait à la fois combattre avec la plus grande énergie les discriminations actuelles et promouvoir un véritable traitement à parité des différentes composantes de la population française.

---

1. S. Laacher, *L'Immigration*, Paris, Le Cavalier bleu, 2006, p. 106.
2. Catherine Attias-Doffus (dir.), *Passage à la retraite des immigrés*, Paris, CNAV, 2004, p. 109.
3. Claude-Valentin Marie, « Enjeux actuels de la lutte contre les discriminations en France », *in* Daniel Barrillo, *Lutter contre les discriminations*, Paris, La Découverte, 2003, p. 126.

Sur le premier point, on peut observer depuis une dizaine d'années un réel progrès dans la prise de conscience de la réalité des discriminations et de leur caractère injustifiable. Alors que le problème avait généralement été occulté, se sont mis en place, à partir de la fin des années 1990, des instruments pour une politique publique de lutte contre les discriminations. En 1998, le rapport du Haut Conseil à l'intégration reconnaît explicitement que les discriminations concernent « des Français de couleur, notamment d'outre-mer ou d'origine étrangère non européenne »[1]. C'est également le cas du rapport remis en 1999 à la ministre de l'Emploi et de la Solidarité par Jean-Michel Belorgey[2]. En 1989 sont créés sur initiative gouvernementale le Groupe d'études contre les discriminations (GELD), les Commissions d'accès à la citoyenneté (CODAC) et le Fonds d'action et de soutien pour l'intégration et la lutte contre les discriminations (FASILD). En 2000, les pouvoirs publics mettent en place un numéro vert (le 114) afin de recueillir les plaintes pour discrimination raciale et de pouvoir engager des poursuites pénales. La loi du 16 novembre 2001 renverse la charge de la preuve en cas de discrimination : c'est à l'employeur d'établir qu'il n'est pas coupable. La loi du 30 décembre 2004 réaffirme que « chacun a droit à un traitement égal, quelles que soient son origine nationale, son appartenance ou sa non-appartenance, vraie ou supposée, à une ethnie ou à une race », et crée la Haute Autorité de lutte contre les discriminations et pour l'égalité (HALDE) qui recueille les plaintes en matière de discrimination, peut mener des investigations (comme les opérations de « testing ») et saisir le Parquet. À ces initiatives publiques, il faut ajouter l'effort de certaines grandes entreprises pour promouvoir une « charte

1. *Luttes contre les discriminations : faire respecter le principe d'égalité, Rapport au Premier ministre*, La Documentation française, Paris, 1998.

2. Jean-Michel Belorgey, *Lutter contre les discriminations : stratégies institutionnelles et normatives*, Paris, Éditions de la MSH, 2001.

de la diversité » et favoriser la diversité ethnique au niveau du recrutement[1].

Ces dispositions ne sont pas négligeables, et sont animées de bons sentiments. Elles ne sont pourtant pas à la hauteur du problème. Par exemple, la HALDE avait reçu, en 2006, environ 2 000 plaintes, dont une quarantaine avaient été transmises à la justice, ce qui peut paraître dérisoire par rapport à la réalité sociale des discriminations[2]. Fût-elle dotée de pouvoirs plus étendus, et même de pouvoirs de police judiciaire, la HALDE pourrait au mieux réprimer certaines pratiques discriminatoires sans effet sur les dynamiques qui les constituent. En obtenant réparation pour certaines personnes victimes d'injustices, ce type de mesures n'affecte pas le caractère collectif des phénomènes de discrimination.

La société française a sans aucun doute progressé dans la prise de conscience de l'étendue des discriminations raciales, et ce n'est pas sans rapport avec la montée parallèle des mouvements de revendication de victimes de ces discriminations évoquée plus haut. Mais ce n'est pas principalement à ce niveau répressif, bien qu'il soit indispensable, qu'une lutte vraiment efficace contre les discriminations peut être menée. C'est l'économie des relations entre les groupes sociaux qu'il faudrait modifier. Est-il possible de ménager une autre place dans la société à ces groupes sur lesquels se porte aujourd'hui le discrédit de la discrimination ?

Ce qui discrimine les minorités ethniques, c'est le double handicap de la race et de la classe, qu'il faut combattre simultanément. La racialisation a correspondu à la dévalorisation de cultures qualifiées d'indigènes dans le cadre d'un rapport colonial de domination. Si cette situation coloniale est effectivement et défi-

1. Voir Karim Amidal, *Discriminez-moi, Enquête sur nos inégalités*, Paris, Flammarion, 2005.

2. Voir S. Laacher, *op. cit.*

nitivement dépassée, cela doit se traduire par un accueil à parité de ces cultures et de leurs représentants qui ont été infériorisés à travers la colonisation. Cette exigence est d'autant plus nécessaire que nous sommes non seulement au-delà de la colonie, mais en même temps pris dans les flux de la globalisation qui apportent de plus en plus sur le sol français ces cultures différentes, c'est-à-dire aussi des religions, des modes de vie différents. Le modèle républicain doit faire la preuve qu'il n'est pas enfermé dans la forme qu'il a prise lorsqu'il correspondait à une société largement mono-ethnique, mono-culturelle, mono-religieuse. Ce qu'a réussi la loi de 1905 par rapport à la religion pourrait servir d'exemple. Elle est parvenue à faire d'un pays de tradition profondément catholique, mais qui fut aussi déchiré par de cruelles guerres de religion, une nation où les cultes peuvent se tolérer, nouer des formes d'échange et de controverses, et même entrer en concurrence sur la base du principe républicain de la laïcité. Ce qui devrait être le cas pour l'islam dès maintenant, non pas au nom de l'islamisme, mais au nom de la laïcité républicaine.

Au-delà de la dimension religieuse de la culture, le modèle républicain pourrait viser un horizon plus ambitieux, qu'Achille Mbembe, sans doute un des hommes dont la culture a dépassé les barrières des nations et des races, caractérise ainsi : « Quant à la force de notre modèle d'universalisme, elle proviendra de notre capacité de comprendre que le lien avec ceux qui ne sont pas des nôtres consiste en très grande partie en l'expérimentation d'histoires communes, notamment lorsque celles-ci ont fait l'objet de désaveu »[1]. C'est une voie qui conduit vers un certain cosmopolitisme plutôt que vers cette exaltation du nationalisme dans laquelle nous semblons aujourd'hui nous complaire. Elle est sans doute risquée, mais elle correspond à une interprétation possible de cet universalisme républicain tel qu'il fut conçu au moment de la Révolution fran-

1. Achille Mbembe, « La République et l'impensé de la race », *in* P. Blanchard, N. Bancel, S. Lemaine, *op. cit.* p. 157.

çaise : promouvoir le partage de principes valant pour la commune humanité, plutôt que le repli sur une forme d'ethnocentrisme national. Elle pourrait s'imposer comme la seule alternative au nationalisme, au moment où l'état du monde exige le dépassement des cadres nationaux de la pensée et de l'action.

La lutte contre les discriminations, c'est aussi et tout autant la réduction des disparités dans les conditions sociales qui font que les représentants des minorités ethniques sont sur-représentés parmi tous ceux qui sont livrés à la précarité, au chômage et à l'insécurité sociale. La question raciale ne remplace pas la question sociale : elles cumulent leurs effets. C'est en particulier le cas, on l'a déjà souligné, pour les jeunes de banlieue. Lorsqu'ils sont en état de travailler, beaucoup d'entre eux représentent une figure du prolétariat, ou plutôt une forme de sous-prolétariat moderne, entre emploi et non-emploi, et vivant souvent d'expédients aux marges du système productif. Lorsqu'ils sont encore scolarisés, ils se trouvent le plus souvent dans les filières les plus défavorisées, marqués par l'échec scolaire et par l'incapacité de convertir un si faible capital scolaire sur le marché du travail. De toute évidence, la lutte contre les discriminations devrait passer au moins par la réduction de ces handicaps qui placent ces jeunes tout en bas de l'échelle sociale.

On ne voit pas comment on pourrait entreprendre ce travail en se privant des politiques de discrimination positive. La distance entre la situation de ces jeunes et le régime commun (par rapport à l'école, au travail, mais aussi souvent au logement et aux conditions de la vie quotidienne) est telle que des mesures spéciales apparaissent nécessaires pour ménager un supplément de ressources à ceux qui en sont à ce point dépourvus. C'est l'esprit des politiques de discrimination positive. Elles présentent cependant un risque grave. En ciblant des populations particulièrement défavorisées, elles soulignent en quelque sorte leur handicap et désignent leurs bénéficiaires à la vindicte publique. S'agissant de représentants de minorités ethniques, le risque est encore plus grand. On sait qu'un des arguments qui ont alimenté le racisme populaire a été le fait que ces populations, pas vraiment françaises, bénéficient de prestations sociales qui devraient être réservées aux Français de souche. Qu'en serait-il si des « faveurs » devaient être spécialement réservées à ces populations dans une logique de quota, par exemple ?

La territorialisation de ces politiques offre un moyen de sortir de cette impasse. Ces mesures spéciales s'appliquent à une zone géographique, un quartier ou un groupement de quartiers, une école ou un groupement d'écoles. Elles bénéficient aux représentants des minorités ethniques qui y sont présentes et sur-représentées, mais sans en être les seuls usagers. Elles échappent ainsi à la critique du ciblage ethnique. Ce n'est pas un pur artifice. L'intérêt des politiques territorialisées est aussi de donner à voir les relations qui unissent la question sociale et la question raciale. Des mesures énergiques de lutte contre l'échec scolaire, le chômage, la précarité, l'insécurité sociale, sont aussi nécessaires pour les jeunes des milieux populaires en général qu'elles le sont pour les jeunes représentants des minorités ethniques en particulier. Il y a une grande proximité entre leurs positions dans la structure sociale, même si la discrimination ethnique ajoute un discrédit supplémentaire aux maux dont souffrent toutes les catégories populaires. L'action pour la réduction de ces inégalités se fait donc pour le bénéfice commun de ces groupes, au-delà des clivages ethniques. Ce type de mesure discrimine positivement leurs bénéficiaires quels qu'ils soient pour les aider à sortir de leur état de déprivation.

C'est pourquoi les critiques adressées à ces politiques de discrimination positive qui ont commencé à être mises en œuvre principalement sous la double forme des Zones d'éducation prioritaire (ZEP) et de la politique de la ville, si elles sont souvent pertinentes, ne sont pas décisives. Ce sont les insuffisances de leurs moyens et les modalités trop limitées de leur application qu'il faut interroger, non leurs principes. En effet, on ne saurait abandonner à leur sort des jeunes à ce point éloignés du système scolaire classique et de ses exigences, qu'ils sont menacés de désocialisation totale. On ne saurait non plus abandonner à elles-mêmes dans des zones urbaines dégradées les populations les plus vulnérables pour lesquelles la vie quotidienne est souvent un défi permanent. Des mesures spéciales en leur faveur sont indispensables pour les rapprocher du régime commun.

C'est dire aussi que ces mesures doivent être pensées comme transitoires et avoir une fonction propédeutique pour déboucher sur des réformes plus larges. L'existence des ZEP, par exemple, devrait être l'occasion de développer une pédagogie adaptée aux classes populaires, capable d'apporter à tous ces enfants, sur la base d'un collège unique rénové, les connaissances de base requises pour s'adapter au monde contemporain. Dans cet esprit, le caractère spécial des ZEP ne serait qu'apparemment dérogatoire au type d'universalisme que prétend porter l'éducation républicaine : la même école pour tous. Il serait plutôt le levier d'une critique pratique des déviations élitistes de ce système qui est censé traiter à parité tous les enfants, mais qui, en réalité, fonctionne comme un instrument de sélection pour accéder aux échelons supérieurs en éliminant et en humiliant successivement les élèves trop mal armés pour la compétition scolaire conçue comme une course à l'excellence[1].

De même, la politique de la ville n'est pas condamnée à imposer une action à distance sur les quartiers, commanditée du dehors par les administrations de l'État. Elle peut être le moyen d'aider à mobiliser le pouvoir des habitants sur leur environnement en dynamisant la vie associative, en multipliant les réseaux d'échange et en promouvant l'implantation des zones de

1. Voir F. Dubet, *L'École des chances*, Paris, La République des idées/Le Seuil, 2004.

développement prioritaires grâce auxquelles ils pourraient commencer à retrouver les conditions de leur autonomie[1]. Le but à poursuivre n'est pas seulement de réhabiliter le quartier en lui-même, mais aussi de donner à ses habitants la possibilité de se mobiliser pour ne pas y rester captifs.

Ces propositions sont plus faciles à dessiner qu'à réaliser. Elles indiquent toutefois une direction qui est impérativement requise pour lutter contre les discriminations. L'objectif de cette lutte est de désenclaver des populations qui sont dans la société française, habitent avec nous et cependant ne sont pas vraiment considérées comme étant des nôtres. Cette aporie comporte deux versants, celui de la citoyenneté politique et celui de la citoyenneté sociale. La pleine reconnaissance de la citoyenneté politique passe par un assouplissement des conceptions républicaines qui la régissent, de manière à lui permettre d'intégrer des éléments d'une culture qui est venue d'ailleurs, mais qui doit avoir pleinement droit de cité. Ceci implique qu'une nouvelle place soit donnée aux différences raciales et religieuses dans la citoyenneté. Cette question est d'autant plus importante qu'elle ne concerne pas seulement les héritiers de ceux qui furent nos indigènes, comme les jeunes de banlieue « issus de l'immigration ». Elle concerne aussi, plus généralement, les formes de régulation politique d'une société qui deviendra de plus en plus pluriculturelle et pluriethnique.

Quant à la citoyenneté sociale, son plein exercice exige un minimum de ressources et de droits sociaux qui sont la base de l'indépendance sociale des individus. Il faut insister sur le fait que ce constat ne vaut pas seulement pour les populations issues de l'immigration, mais *aussi* pour elles. Cela signifie que doivent être traités à parité, quelle que soit leur appartenance ethnique, les publics défavorisés placés dans des situations telles qu'ils

1. Voir Jacques Donzelot, *Quand la ville se défait*, *op. cit.*

n'ont pas les conditions de leur indépendance sociale. De ce point de vue, les politiques de discriminations positives apparaissent comme les marches qui aident à monter vers cette indépendance. Elles n'ont pas leur fin en elles-mêmes, mais doivent viser à leur dépassement, qui est l'accès au régime commun d'une citoyenneté où il n'y aurait plus du tout de discriminations, fussent-elles positives. Cette vision est ambitieuse, mais elle doit être posée au moins comme l'idée régulatrice d'une citoyenneté républicaine qui ne se contenterait pas de donner à chacun une place sur une liste électorale, mais lui en ménagerait aussi une dans l'économie ordinaire des échanges sociaux.

Conclusion

Je prends le risque d'avouer mon admiration pour les révolutionnaires qui ont construit le modèle républicain français. Il fallait avoir une idée singulièrement haute de l'individu et du citoyen pour oser le poser au centre de la vie sociale et en faire le dépositaire et le seul responsable de la légitimité politique. Il fallait avoir aussi un singulier courage pour oser s'affronter aux pouvoirs dominants de l'Église, de la noblesse, des potentats locaux, petits ou grands, qui maintenaient leurs sujets dans des réseaux de dépendance, que de surcroît la transcendance divine était censée consacrer. La victoire de la Nation sur la Vendée a été celle d'un modèle moderne de société fondée sur l'avènement de l'individu contre les privilèges et les sujétions traditionnelles qui faisaient que l'on était « l'homme » de quelqu'un ou de quelque chose, comme le dit l'ancien droit féodal – d'un supérieur, d'une institution, d'une communauté –, avant d'avoir le droit d'exister pour soi-même.

Un tel bouleversement ne s'est pas produit sans contreparties coûteuses. Mais c'était sans doute le prix à payer pour dégager un espace d'échanges, de négociations, et aussi de controverses et de conflits, où la loi pouvait l'emporter sur l'arbitraire, et l'intérêt général sur l'intérêt particulier. Nous pouvons désormais nous retourner avec nostalgie vers des langues régionales qui ont été marginalisées, des traditions qui ont été bafouées et des particularismes dont le sens a été méconnu, parce que nous occupons aujourd'hui une place d'où nous pouvons les évaluer, les comparer et même éventuellement les choisir à nouveau sans courir le risque d'y être englués. Par exemple, les descendants des Celtes peuvent maintenant parler breton et même l'apprendre à l'école, et faire revivre sur le mode du folklore des coutumes ancestrales. Mais ils le doivent à la République, faute de quoi ils seraient les habitants d'une contrée que l'on appellerait aujourd'hui sous-développée. Sauf à récuser complètement la modernité, on ne peut nier qu'il existe un rapport profond entre une montée en généralité qui débouche sur l'universel et les marges de liberté et d'indépendance dont dispose l'individu. En tant que breton de souche, je ne demande ni repentance ni réparations, et je reconnais au contraire ma dette à l'égard de la République.

Évidemment, j'embellis quelque peu le tableau, ou plutôt je brûle les étapes. On ne saurait oublier que la citoyenneté s'est d'abord imposée en Europe occidentale et en France dans le cadre de ce que Peter Wagner appelle « la modernité libérale restreinte »[1]. Non seulement les femmes françaises n'ont accédé à la plénitude des droits politiques qu'après la Seconde Guerre mondiale, mais une grande partie du peuple à l'époque post-révolutionnaire a pendant très longtemps occupé une position sociale qui lui interdisait l'exercice d'une citoyenneté à part entière. Un prolétaire, un paysan pauvre, un travailleur vivant « au jour la journée » ne sont que très faiblement des citoyens, même longtemps après la suppression des barrières censitaires qui restreignaient le droit de vote. Ils sont à mille lieues de la conception de l'individu citoyen qui figure au fronton de la Déclaration des Droits de l'homme et du citoyen. Et encore plus évidemment, le primitif, le sauvage, l'esclave, l'indigène ne sont

1. Peter Wagner, *Liberté et discipline. Les deux crises de la modernité*, Paris, Métailié, 2002.

aucunement des citoyens. Ils sont complètement en dehors de la sphère du politique, en même temps qu'ils n'entrent dans la sphère sociale que sous la forme de rapports unilatéraux de domination.

La « modernité libérale restreinte » a donc déployé une conception extraordinairement étroite de la citoyenneté. Au sein même de sa sphère de juridiction directe, la Nation, cette modernité a longtemps exclu de la citoyenneté la majorité de sa population. Il ne suffisait pas d'être français pour être vraiment citoyen. *A fortiori*, sur les trois quarts de la planète, la presque totalité de la population n'avait pas accès aux conditions de la citoyenneté.

Il convient de souligner que la démocratisation de la citoyenneté s'est faite dans le cadre national, et plus précisément dans le cadre de certains États-nation. En Europe occidentale, il s'est construit, à travers une longue période conflictuelle de près d'un siècle, une citoyenneté sociale qui assure à la majorité de la population autochtone les conditions de son indépendance sous la forme de protections étendues (une sécurité sociale au sens fort du mot). C'est le pendant de la citoyenneté politique. Elle permet que l'exercice plein de la citoyenneté, qui sous la modernité restreinte était réservée à une élite, s'étende à la grande majorité de la population de ces États-nation.

Mais ce faisant, on reste dans le cadre de l'hégémonie de la civilisation occidentale et la plupart des régions du monde sont en dehors de cette dynamique. Il faut souligner le rapport qui existe entre cette démocratisation de la citoyenneté et la position dominante qu'occupent les États-nation qui la mettent en œuvre. Ils peuvent développer des programmes sociaux ambitieux au moins en partie parce qu'ils bénéficient d'un système d'échanges inégaux qui leur procure des ressources externes à travers des relations de domination coloniale, puis post-coloniale.

Cette situation prévaut encore largement en Europe occidentale au début des années 1970[1]. Dans le cas de la France, la grande majorité de la population est effectivement couverte par des systèmes de protection sociale étendus. Il subsiste bien des franges marginales que l'on appelle, et ce ne peut être l'effet du hasard, « le quart monde », soit l'équivalent d'un « tiers monde », c'est-à-dire des régions de la planète encore « sous-développées », livrées à la pauvreté et à l'insécurité sociale[2]. Au début de ces années 1970, on aurait pu dire, métaphoriquement du moins, que la France avait en métropole ses propres « indigènes », autochtones sans doute, mais qui avaient été incapables de se plier au système de contraintes d'une société salariale moderne et qui existaient comme des sous-citoyens. Mais on pensait aussi très généralement alors que c'était un phénomène résiduel, les reliquats d'une pauvreté archaïque qui allaient se résorber avec la continuation du progrès économique et social.

C'est plutôt le contraire qui s'est produit. Depuis que l'on a commencé à parler de « la crise » au début des années 1970, la France paraît prise dans une dynamique inverse de celle du progrès social, et qui accroît l'insécurité et la précarité. Ainsi aujourd'hui, on évoque sans doute moins fréquemment la pauvreté archaïque du quart monde, mais on a commencé à parler de « nouveaux pauvres » au milieu des années 1980 et le thème du « travailleur pauvre » s'impose avec de plus en plus d'insistance

---

1. Les États-Unis présentent un cas de figure particulier. Ils sont à la pointe du développement économique et d'une politique de type impérialiste, et néanmoins ils ont peu développé les conditions nécessaires à une citoyenneté sociale généralisée. Il faudrait de plus longs développements pour rendre compte de cette spécificité.

2. Rappelons qu'à la toute fin de l'Ancien Régime le terme de « quatrième ordre » est apparu pour désigner une populace au-dessous du tiers état, c'est-à-dire des catégories sociales qui, même modestes, étaient inscrites dans la structure régulière des ordres et des statuts (Voir Dufourny de Villiers, *Cahiers du Quatrième Ordre*, Paris, 1789).

depuis quelques années. Autant d'indices d'une aggravation de la situation. Les « nouveaux pauvres » signalent l'existence de personnes qui avaient pu être intégrées dans la société salariale mais ont perdu ces protections qui leur permettaient d'assurer leur indépendance économique et sociale. Les « travailleurs pauvres » donnent à voir que même un travail, en raison de la dégradation croissante des conditions d'emploi, n'est plus en mesure d'assurer à tout coup cette indépendance.

La question des banlieues s'inscrit dans cette spirale et en constitue le point actuel d'aboutissement. Dans le prolongement des travaux de Fernand Braudel, Immanuel Wallerstein montre que le capitalisme se développe dans le cadre d'une « économie-monde » qui est pour l'essentiel une relation asymétrique d'un centre à ses périphéries[1]. Or cette asymétrie n'est pas seulement un rapport à l'égard de régions étrangères. Il pourrait aussi y avoir des périphéries au sein de la nation, des sortes de « suds » où se condensent les traits qui dessinent la face d'ombre d'une formation sociale : la pauvreté, la violence, le racisme, l'insécurité civile et sociale. Comme le disait déjà Fernand Braudel, « Dans ces zones géographiques, la vie des hommes évoque souvent le Purgatoire, ou même l'Enfer »[2].

Le régime actuel du capitalisme exaspère ces tensions à travers la mise en œuvre d'une concurrence exacerbée au niveau transnational. Les périphéries deviennent ainsi à la fois plus éloignées et plus proches. Elles vont jusqu'aux plus lointaines frontières de l'économie-monde, mais elles s'installent aussi au sein des États-nation qui perdent de leur pouvoir de cohésion. La périphérie aspire de cette manière des individus et des groupes qui se trouvaient plus près du centre, et leur citoyenneté se dégrade.

---

1. Voir Immanuel Wallerstein, *Capitalist World Economy*, Cambridge University Press, 1979.

2. Fernand Braudel, *La Dynamique du capitalisme*, Paris, Flammarion Champs, 1988, p. 86.

La périphérie, en France la banlieue, présente ainsi comme un condensé de la question raciale et de la question sociale puisque ceux qui portent l'une et l'autre de la manière la plus aiguë s'y trouvent en grand nombre captifs. Mais le fait que ces questions soient le plus dramatiquement posées à la périphérie ne signifie pas qu'elles posent un problème périphérique, tout au contraire. Cette coagulation des discriminations raciales et des facteurs les plus graves de dissociation sociale que l'on observe actuellement en banlieue fait peser sur l'ensemble de la société une menace de sécession. Ce n'est qu'en restaurant les conditions d'exercice d'une pleine citoyenneté politique et sociale que l'on pourrait la conjurer.

La banlieue ne peut être laissée à elle-même parce que s'y jouent des défis qui concernent l'avenir de la société dans son ensemble. Du côté social, on n'en est plus à pouvoir se représenter, comme il y a trente ans, la pauvreté et la marginalité comme un phénomène résiduel bientôt effacé par le progrès économique et social : il faut affronter de nouvelles formes de précarité et de désaffiliation. Du côté racial, si l'ère coloniale est bel et bien derrière nous, les flux migratoires et la nouvelle conjoncture démographique vont multiplier les problèmes que pose la coexistence de groupes ethniques différents : il va falloir élaborer les conditions de viabililté d'une République pluriculturelle et véritablement pluriethnique.

Plutôt qu'un ghetto, la banlieue est un chantier dans lequel nous avons beaucoup à faire, mais également beaucoup à apprendre.

Annexes

Ces annexes ont été réalisées par Nicolas Duvoux

ANNEXE 1

De la « Marche pour l'égalité et contre le racisme » à l'Appel des « Indigènes de la République »

La « Marche pour l'égalité et contre le racisme » fut un signe de la revendication d'intégration des Français d'origine immigrée. Elle faisait suite à l'arrivée au pouvoir de la gauche en 1981 et s'inscrivait dans le contexte des premiers succès électoraux du Front National. Dans son édition du 4-5 décembre 1983, le journal *Le Monde* en rend compte dans un article intitulé « Des Beurs à l'Élysée », sous la plume de Nicolas Beau.

L'Appel des « Indigènes de la République » a été rendu public en janvier 2005. Il a été signé par plusieurs milliers de personnes. La dénonciation d'une situation post-coloniale dans les banlieues est un signe de l'échec de l'intégration politique et sociale des Français d'origine immigrée.

Entre ces deux documents, vingt-deux ans ont passé.

Des Beurs à l'Élysée

L'appel à la fraternité lancé il y a quarante-neuf jours par une poignée de jeunes dont les parents sont des immigrés aura été entendu. Pagailleurs et insolents, ces trente-deux marcheurs sans importance ont réveillé une France antiraciste singulièrement assoupie depuis le 10 mai 1981. Sans maturité politique, ils provoquent un sursaut militant général face à la montée de l'extrême droite et face au silence gêné des organisations politiques sur l'immigration.

Partis à dix d'une cité de Marseille où un enfant avait été tué par une explosion criminelle, ils sont, ce samedi, place de la Bastille, plusieurs dizaines de milliers derrière une banderole unique : "Rengainez, on arrive, la chasse est fermée".

L'insécurité a, imperceptiblement, changé de camp. Alors que les responsables gouvernementaux se félicitaient cet automne de la réussite de l'opération "Prévention anti-été chaud", en raison d'une diminution de la délinquance dans les banlieues, les jeunes immigrés comptaient leurs morts : une quarantaine d'entre eux en effet ont été tués ou blessés grièvement depuis deux ans. "Bavures policières", légitime défense ou drames du bruit et du voisinage, les victimes avaient toutes pourtant le cheveu crépu et le teint basané. La marche fut d'abord le refus instinctif d'une sorte de "banalisation" qui se mettait en place. Que justice soit faite, ont proclamé Bouzid, Faroud, Abed, Malika et les autres contre ces crimes racistes. Les "Beurs[1]" n'ont pas l'intention de s'excuser de vivre.

Mais ils ont parlé 1200 kilomètres durant avec le sourire, entre un proverbe arabe et une chanson de Renaud, *La main tendue*. À la violence, ils ont opposé la solidarité, naïfs quelquefois, mystiques certainement. Ainsi, ils auront – pour un temps – inversé l'image que l'opinion avait d'eux. Ces jeunes Maghrébins qui, sous le septennat précédent, auraient été expulsés pour de menus larcins vers leur pays d'origine, entraînent aujourd'hui une foule immense et complice.

Le 3 décembre, ils sont sortis de leurs ghettos : des réseaux entre eux ont été créés, dont témoignent un collectif national, plusieurs radios locales et d'innombrables associations. Un pont est jeté "pour l'après-3 décembre" vers la société française puisque le président de la République lui-même les reçoit au terme de leur marche, samedi 3 décembre, en fin de soirée.

Nicolas Beau

(1) Beurs : en argot, des jeunes, immigrés, qui se désignent ainsi sous ce vocable.

L'Appel des Indigènes de la République

« Nous sommes les indigènes de la République ! »

Discriminés à l'embauche, au logement, à la santé, à l'école et aux loisirs, les personnes issues des colonies, anciennes ou actuelles, et de l'immigration post-coloniale sont les premières victimes de l'exclusion sociale et de la précarisation.

Indépendamment de leurs origines effectives, les populations des « quartiers » sont « indigénisées », reléguées aux marges de la société. Les « banlieues » sont dites « zones de non-droit » que la République est appelée à « reconquérir ». Contrôles au faciès, provocations diverses, persécutions de toutes sortes se multiplient tandis que les brutalités policières, parfois extrêmes, ne sont que rarement sanctionnées par une justice qui fonctionne à deux vitesses.

Pour exonérer la République, on accuse nos parents de démission alors que nous savons les sacrifices, les efforts déployés, les souffrances endurées.

Les mécanismes coloniaux de la gestion de l'islam sont remis à l'ordre du jour avec la constitution du Conseil français du Culte musulman sous l'égide du ministère de l'Intérieur. Discriminatoire, sexiste, raciste, la loi anti-foulard est une loi d'exception aux relents coloniaux.

Tout aussi colonial, le parcage des harkis et enfants de harkis. Les populations issues de la colonisation et de l'immigration sont aussi l'objet de discriminations politiques. Les rares élus sont généralement cantonnés au rôle de « black » ou « beur » de service. On refuse le droit de vote à ceux qui ne sont pas « français », en même temps qu'on conteste « l'enracinement » de ceux qui le sont. Le droit du sol est remis en cause.

Source : site Internet du mouvement des Indigènes de la République : http://www.indigenes-republique.org/spip.php?rubrique76

ANNEXE 2

Le rap, porte-parole de la colère des banlieues ?

Ci-dessous, un des nombreux textes de Rap qui manifestent l'ambivalence de l'appel souvent entendu à « brûler la République ». Il est extrait d'une compilation significativement intitulée « Ecoute la rue, Marianne », parue en 2007.

"Indigènes"

1er couplet

Á chaque génération, sa révolution
Casseur en pôle position
La rue s'exprime pourquoi tu flippes
T'inquiètes on a nos raisons
Les flics rappliquent début des perquisitions
Les journalistes, les politiques n'ont rien compris
Mais passons !
On n'oubliera pas Cachan
On n'oubliera pas Zieb et Bouna
Donc brûlons, brûlons la République
Jusqu'à ce qu'elle pleure
Car nous pleurons vraiment
Des larmes de sang
Des larmes de plomb
Mon drapeau blanc en berne
Á chaque incarcération
Pour chaque garde à vue
Y'a une bavure potentielle
Demande à Malik Oussekine
Si nos droits sont bien réels
J'ai pesé le pour et le contre

Plus de mille fois dans ma tête
Et j'me rends compte ce qu'il racontent
C'est vraiment d'la merde
J'suis immigré, indigène, couleur ébène
Va dire à Marianne que le crime est passionnel
Á chaque voiture brûlée
Un appel à l'aide
Comportement de Kamikases
Á l'instar de mon frelot[1] Kurt Cobain

Refrain
J'suis immigré, indigène, couleur ébène
Thug life for life
Comme Tupac sur l'abdomen
J'suis immigré, indigène, couleur ébène
La banlieue j'ai dans la peau
Le béton mon oxygène

2e couplet
Si il y avait de l'oseille chez nous
On s'rait resté chez nous
On s'rait pas chez vous
En train de faire ou d'vendre des trucs chelous[2]
Putain !
Marianne écoute la rue
Chacune des cigarettes que j'fume
Me rapproche de la mort
Chaque loyer impayé me rapproche de la porte
Tous les jours qui passent sont perdus définitivement
Si t'aimes trop dormir
Qu'on t'enterre vivant
Chaque contrôle de flics
Augmente ma haine
Anti-flic
Marianne ne dit pas q'tu nous as pas sentis venir
Les larmes sont présentes
En plusieurs centilitres
On agit sans explications scientifiques

1. Frère
2. Louches.

Chaque fois qu'les flics
Abusent c'est sans surprise
Que nos plaintes sont souvent classées
Sans suite
Les derniers peuvent crever
Voilà le sens du film
Comme on est des hommes
On préfère se pendre que fuir
Chaque fois qu'je pleure
Chaque fois qu'tu me regardes
Comme un nègre
Je te vois comme un frère
Chaque fois que tu m'enfermes
C'est un peu de moi
Un peu d'humanité
Que tu enterres
(...)

par Eloquence & Apôtre H
Source : Eloquence & Apôtre H, Écoute la rue, Marianne,
© 2007 Zénith Records

ANNEXE 3

Les discriminations à l'emploi en raison de l'origine

L'existence de discriminations en raison de « l'origine » dans les embauches est démontrée. Sur différents sites régionaux, les jeunes Français(es) par acquisition « d'origine européenne » subissent des taux de chômage comparables à ceux des jeunes Français(es) de naissance, pendant que les jeunes Français(es) par acquisition « d'origine extra-européenne » subissent des taux de chômage qui sont en général presque deux fois plus élevés. En l'absence de statistiques « ethniques », la mesure des discriminations est sous-évaluée. Si les Français(es) de naissance « d'origine extra-européenne » pouvaient être distingués des autres Français(es) de naissance pour être regroupés avec les Français(es) par acquisition d'origine extra-européenne, les écarts constatés dans les taux de chômage seraient encore plus importants.

TAUX DE CHÔMAGE DES ACTIFS DE 20-24 ANS RECENSÉS EN 1999 DANS CHACUNE DES SIX AIRES URBAINES, SUIVANT LEUR NATIONALITÉ À CETTE DATE ET LEUR NATIONALITÉ À LA NAISSANCE (en % sexes réunis)

Nationalité	Lille	Lyon	Marseille	Nantes	Paris	Strasbourg
Français(es) de naissance	29 %	19 %	33 %	24 %	17 %	16 %
Français(es) par acquisition :						
– « d'origine européenne »	26 %*	20 %	31 %*	46 %	15 %	24 %*
– « d'origine extra-européenne »	42 %	37 %	58 %		29 %	37 %
Étranger(e)s	48 %	34 %	51 %	49 %*	28 %	34 %
Ensemble	30 %	21 %	34 %	25 %	19 %	19 %

Source : INSEE, données extraites du RP99, communiquées par l'INSEE spécialement pour cette étude
Champ : ***actifs âgés de 20-24 ans***
(*) Ces pourcentages ne sont pas pleinement fiables en raison de la faiblesse des effectifs concernés
Source : « Les Discriminations à l'embauche à raison de "l'origine" dans les embauches en France. Une enquête nationale par tests de discrimination selon la méthode du BIT, Genève, Bureau International du Travail, 2006.

ANNEXE 4

Cinq fois moins de chances d'avoir un entretien d'embauche du fait de l'origine ethnique

Le résultat de cette enquête par « Testing » montre le poids relatif des différentes causes de discrimination à l'embauche. Ainsi, en réponse à une même offre d'emploi, le « CV de référence » d'un homme, de nom et prénom français, résidant à Paris, blanc de peau et d'apparence standard, a 75% de chances d'entraîner une convocation à un entretien d'embauche, contre 14% pour un CV indiquant des caractéristiques identiques mais mentionnant un nom et prénom maghrébins. L'origine ethnique apparaît en troisième position des motifs de discrimination, après le handicap et l'âge. La discrimination à l'embauche subie de ce fait donne à ceux qui en sont victimes cinq fois moins de chances d'obtenir une réponse positive lors d'une démarche d'embauche.

TOTAL DES RÉPONSES PAR VARIABLE

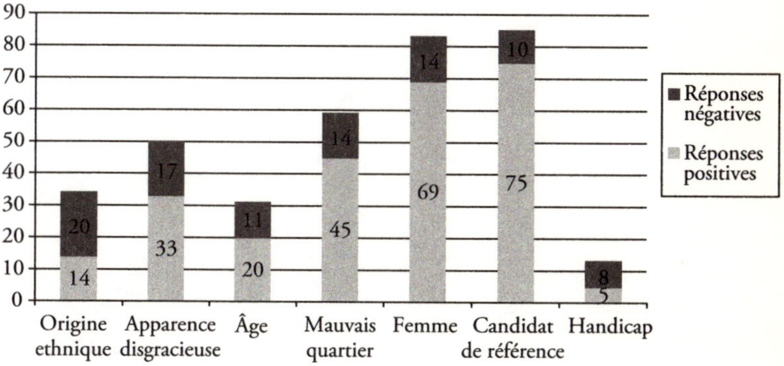

Source : « Enquête "Testing" sur CV – Adia/Paris I-Observatoire des discriminations » Jean-François Amadieu, 2004.

ANNEXE 5

Nom, couleur, résidence : les mots de la discrimination

On a posé aux jeunes sortis des études en 1998, qu'ils aient ou non un emploi, la question suivante : « Avez-vous dans votre parcours professionnel été victime de discrimination à l'embauche ? Si oui, combien de fois ? ». La question portait spécifiquement sur l'embauche. 40% des garçons originaires du Maghreb répondent qu'ils ont été au moins une fois victimes de discrimination à l'embauche. On retrouve ces taux élevés pour les jeunes originaires d'Afrique noire, à un niveau identique pour les garçons et un peu moindre pour les filles. La discrimination sur la base du patronyme vient en tête des motifs avancés par les jeunes issus de l'immigration comme base de la discrimination. La couleur de peau est le second item le plus souvent cité.

MOTIF DE LA DISCRIMINATION POUR LES HOMMES (COHORTE 1998)

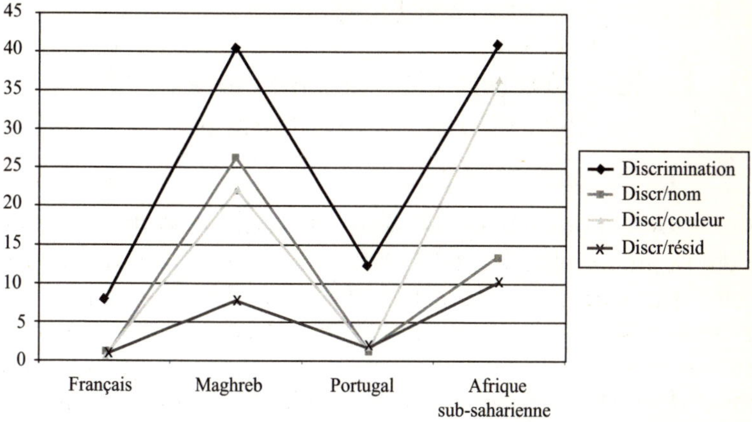

Source : « Les secondes générations sur le marché du travail en France : une pénalité ethnique ancrée dans le temps. Contribution à la théorie de l'assimilation segmentée », Roxane Silberman et Irène Fournier, Revue Française de Sociologie, *47-2, 2006, pp. 243 – 292.*

ANNEXE 6

Le déficit de diplômes des minorités visibles

Les jeunes garçons sortant du système scolaire sans diplôme sont sur-représentés chez les jeunes d'origine maghrébine et sub-saharienne. Par rapport aux 17% de jeunes Français d'origine métropolitaine, ils sont plus de 44% chez les Maghrébins et 51% chez les jeunes d'origine sub-saharienne à être dans cette situation.

Chez les garçons toujours, la proportion des jeunes quittant le système scolaire sans le Bac est de 39,1% pour les jeunes d'origine métropolitaine alors qu'elle s'élève à 68,1% pour les jeunes d'origine maghrébine et 65,4% pour ceux d'origine sub-saharienne. Chez les filles, les proportions sont à peu près équivalentes mais les résultats globaux sont meilleurs.

Niveau d'éducation en fonction de l'origine pour les jeunes sortis du système scolaire en 1998 (étude *Génération 1998* du Céreq)

	Français	Maghrébins	Portugais	Afrique sub-Sahara
Hommes				
Sans diplôme/CEP	0.8	2.2	1.4	5.1
Sans diplôme, >= 1re année lycée	4.0	12.3	5.4	18.7
Idem, voie CAP – BEP	12.2	30.1	22.6	27.4
CAP – BEP	23	23.5	30	19.2
Bac général	6.3	7.4	2.3	1.7
Bac professionnel	18.4	11.6	18.9	11.2
Bac + 2	17.7	6.7	16.8	9.2
> Bac + 2	17.6	6.3	5.7	7.7
N	22314	1861	723	133
Femmes				
Sans diplôme/CEP	0.6	1.7	0.2	6.5
Sans diplôme, >= 1re année lycée	2.6	5.8	5	5.3
Idem, voie CAP – BEP	8	23.1	8.3	11.3
CAP – BEP	16.7	20.6	27.2	38.4
Bac général	9.2	12.7	8.6	6.7
Bac professionnel	18.3	15.2	21.5	22.3
Bac + 2	22.6	11.9	15.4	7.2
> Bac + 2	22	9.2	13.7	5.3
N	21566	1649	567	118

Source : "Segmented assimilation in France? Discrimination in the labour market against the second generation », Roxane Silberman, Richard Alba and Irène Fournier, Ethnic and Racial Studies, *Vol. 30, N° 1, January 2007, p. 1 – 27.*

ANNEXE 7

La concentration des catégories défavorisées dans les zones urbaines sensibles

Dans l'ensemble des zones urbaines sensibles, les actifs occupés représentent seulement la moitié de la population. Il existe un rapport de 2 à 1 pour le taux de chômage entre les habitants des zones urbaines sensibles et la population d'ensemble de la France métropolitaine. Pour les jeunes de 15 à 24 ans, le rapport est identique. Il est même légèrement supérieur pour les garçons de cette tranche d'âge. Leur taux de chômage atteint 44,9%. Par ailleurs, l'enquête « Emploi » 2005 montre que la proportion d'inactifs âgés de 15 à 24 ans qui ne sont pas en cours d'études ni en formation est de 9% dans les zones urbaine sensibles contre environ 4,5% pour le reste des agglomérations.

FIGURE 1 :
RÉPARTITION DU STATUT D'ACTIVITÉ
SELON LE LIEU DE RÉSIDENCE DES INDIVIDUS ÂGÉS DE 15 À 59 ANS

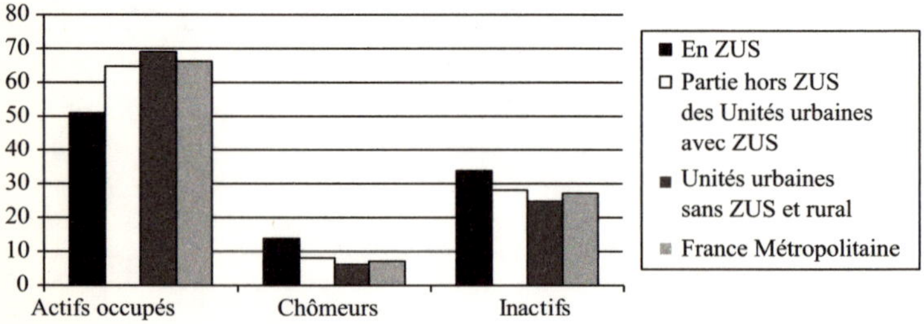

Lecture : En 2005, parmi les habitants des ZUS âgés de 15 à 59 ans, 14 % étaient au chômage (situation de France Métropolitaine sur l'année).
Champ : population âgée de 15 à 59 ans.
Source : Délégation interministérielle à la Ville, Observatoire national des Zones urbaines sensibles, Rapport 2006.

FIGURE 2 :
TAUX DE CHÔMAGE AU SENS DU BIT SELON LE SEXE, L'ÂGE ET LE LIEU DE RÉSIDENCE EN 2005 (EN %)

	Hommes			Femmes			Ensemble		
	En ZUS	Reste des unités urbaines avec ZUS	Unités urbaines sans ZUS et rural	En ZUS	Reste des unités urbaines avec ZUS	Unités urbaines sans ZUS et rural	En ZUS	Reste des unités urbaines avec ZUS	Unités urbaines sans ZUS et rural
15-24 ans	44,9	22,2	16,5	38,0	23,3	23,2	41,7	22,7	19,2
25-49 ans	19,7	8,8	5,7	21,2	10,8	8,5	20,4	9,7	7,0
50-59 ans	14,8	7,3	5,3	13,3	7,4	6,5	14,1	7,4	5,8
Ensemble	22,1	9,8	6,6	22,0	11,2	9,3	22,1	10,5	7,8

Lecture : parmi les habitants des ZUS, le taux de chômage des hommes actifs âgés de 15 à 24 ans est de 44,9% en 2005.
Champ : population âgée de 15 à 59 ans.
Sources : Enquête "Emploi" 2005, Insee ; Délégation interministérielle à la Ville, Observatoire national des Zones urbaines sensibles, Rapport 2006.

ANNEXE 8

Le taux de chômage selon le niveau de diplôme et le lieu de résidence

Quel que soit leur niveau scolaire, les hommes qui résident dans les zones urbaines sensibles sont toujours plus fréquemment au chômage que ceux issus des autres parties des agglomérations. Les écarts varient de 1 sur 2 à 1 sur 3, sauf pour les Bac+2. Pour les femmes de ces quartiers, les taux de chômage sont encore plus importants.

Taux de chômage en 2003 et 2004
selon le diplôme le plus élevé obtenu
(en %)

	ZUS		Partie hors ZUS des agglomérations avec ZUS		Agglomérations sans ZUS et communes rurales	
	2003	2004	2003	2004	2003	2004
Hommes						
Diplôme supérieur	14,9	15,3	7,1	7,4	6,2	5,7
Baccalauréat + 2 ans	12,8	8,9	5,9	7,1	4,6	4,8
Bac, Brevet prof. ou équivalent	16,2	16,9	10,1	9,2	5,1	6,0
CAP-BEP ou équivalent	15,0	13,6	8,4	7,6	4,9	5,7
BEPC seul	20,7	18,8	11,6	12,6	8,5	8,4
Aucun diplôme ou CEP	23,3	26,6	16,7	16,5	9,4	10,2
Ensemble	**18,7**	**19,3**	**10,0**	**9,9**	**6,3**	**6,9**
Femmes						
Diplôme supérieur	7,4	8,9	8,2	6,6	6,9	7,8
Baccalauréat + 2 ans	9,2	10,7	6,6	6,3	5,7	5,1
Bac, Brevet prof. ou équivalent	18,4	18,4	9,4	11,0	8,5	10,0
CAP-BEP ou équivalent	19,6	21,9	11,8	11,8	10,6	10,5
BEPC seul	22,9	30,7	12,0	11,2	9,0	10,8
Aucun diplôme ou CEP	28,3	29,8	16,3	15,6	14,7	14,0
Ensemble	**20,8**	**22,4**	**10,8**	**10,7**	**10,1**	**10,2**

Lecture :14,5% des hommes actifs résidant en ZUS et titulaires d'un diplôme supérieur étaient au chômage en 2003, contre 15,3% en 2004.
Champ : population âgée de 15 ans à moins de 60 ans.
Source : Enquêtes "Emploi" 2003 et 2004, Insee ; Délégation interministérielle à la Ville, Observatoire national des Zones urbaines sensibles, Rapport 2006.

ANNEXE 9

Un retard scolaire aggravé pour les garçons de banlieue

Qu'il s'agisse d'élèves de 6ᵉ ou de 3ᵉ, le taux de redoublement des garçons est toujours plus élevé que celui des filles. Ce retard d'au moins un an lié au genre se cumule avec celui qui est lié au lieu de résidence : il peut atteindre près de la moitié des effectifs de garçons des classes de 3ᵉ en ZUS.

RETARD SCOLAIRE FILLES-GARÇONS

		% d'élèves de 6ème en retard d'un an ou plus	% d'élèves de 3ème en retard d'un an ou plus
Collèges en ZUS	Garçons	40,9	47,9
	Filles	32,4	39,8
	Écart	8,5	8,1
Collèges hors ZUS	Garçons	28,7	37,1
	Filles	21,5	29,9
	Écart	7,3	7,2

Champ : collèges publics France Métropolitaine et DOM
Source : ministère de l'Éducation nationale, DEP ; Délégation interministérielle à la Ville, Observatoire national des Zones urbaines sensibles, Rapport 2006.

Table des matières

La République des Idées

La République des Idées qui co-édite avec les éditions du Seuil cette collection d'essais, est un atelier intellectuel international. Sa vocation est de produire des analyses et des idées originales sur les grands enjeux de notre temps : mutations de la démocratie, transformations du capitalisme et des inégalités, évolutions des relations internationales... En relation avec un grand nombre de revues et de *think tanks* étrangers, La République des Idées est également un pôle d'information et d'échanges sur la vie intellectuelle à travers le monde.

www.repid.com
idees@repid.com

RÉALISATION : NORD COMPO
IMPRESSION : CORLET, IMPRIMEUR S.A.
14110 CONDÉ-SUR-NOIREAU
DÉPÔT LÉGAL : OCTOBRE 2007. N° 96441 (106359)
IMPRIMÉ EN FRANCE